SCHÜLER-LERNKRIMI
DEUTSCH AUFSATZ

ANGST AUF AMRUM

Story: Nils Reschke
Übungen: Joachim Held

Compact Verlag

Bisher sind in dieser Reihe erschienen:
- Compact Schüler-Lernkrimi Englisch, Französisch, Spanisch, Latein I + II
- Compact Schüler-Lernkrimi Deutsch: Grammatik, Aufsatz
- Compact Schüler-Lernkrimi Mathematik I + II
- Compact Schüler-Lernkrimi Physik
- Compact Schüler-Lernkrimi Chemie

In der Reihe Lernkrimi sind erschienen:
- Compact Lernkrimi Englisch, Französisch, Italienisch, Spanisch: Grundwortschatz, Aufbauwortschatz, Grammatik, Konversation
- Compact Lernkrimi Englisch GB/US: Grammatik, Konversation
- Compact Lernkrimi Business English: Wortschatz, Konversation
- Compact Lernkrimi Deutsch: Grundwortschatz, Grammatik
- Compact Lernkrimi Kurzkrimis: Englisch, Französisch, Spanisch

In der Reihe Lernthriller sind erschienen:
- Compact Lernthriller Englisch: Grundwortschatz, Aufbauwortschatz, Grammatik, Konversation

In der Reihe Lernstory Mystery sind erschienen:
- Compact Lernstory Mystery Englisch: Grundwortschatz, Aufbauwortschatz

In der Reihen Lernkrimi History sind erschienen:
- Compact Lernkrimi English History: Grundwortschatz, Aufbauwortschatz, Grammatik, Konversation

In der Reihe Hörbuch Lernkrimi sind erschienen:
- Compact Hörbuch Lernkrimi Englisch: Geübte Anfänger, Fortgeschrittene

Weitere Titel sind in Vorbereitung.

Chefredaktion: Dr. Angela Sendlinger
Redaktion: Iris Glahn
Fachredaktion: Dr. Ingrid Schleicher, Kathrin Stachora
Produktion: Wolfram Friedrich
Illustrationen: Sonja Heller
Titelillustration: Karl Knospe
Typografischer Entwurf: Maria Seidel
Umschlaggestaltung: Inga Koch

ISBN: 978-3-8174-7499-8
7274992

Besuchen Sie uns im Internet: www.compactverlag.de, www.lernkrimi.de

Vorwort

Mit dem neuen, spannenden Compact Schüler-Lernkrimi kannst du deine Kenntnisse des kreativen Schreibens auf schnelle und einfache Weise vertiefen, auffrischen und überprüfen.

Die pfiffigen Zwillinge Pia und Paul erleichtern das Training für bessere Aufsätze mit Action und Humor. Die zwei und ihre Verfolgung einer Verbrecherbande stehen im Mittelpunkt einer zusammenhängenden Story.
Der Krimi wird auf jeder Seite durch abwechslungsreiche und kurzweilige Übungen ergänzt, die das Lernen unterhaltsam und spannend machen.
Prüfe dein kreatives Schreiben mit Zuordnungsaufgaben, Fragen zum Textverständnis, Multiple-Choice-Übungen und durch eigenständiges Verfassen von Aufsatzteilen!
Dieses Training für bessere Aufsätze im handlichen Format bietet mit über 70 Übungen die ideale Trainingsmöglichkeit für zwischendurch.
Schreib die Lösungen einfach ins Buch oder in ein Extraheft, in dem du die Ergebnisse der längeren Aufgaben festhalten kannst! Denn gerade beim Thema Aufsatz muss z. T. etwas mehr Text verfasst werden.
Die richtigen Antworten sind in einem eigenen Lösungsteil zusammengefasst.

Und nun kann die Spannung beginnen …

Viel Spaß und Erfolg!

Inhalt

Story

Die Zwillinge Pia und Paul gehen in die 6b des Friedrich-Schiller-Gymnasiums. Obwohl die beiden die gleichen Sommersprossen und roten Haare haben, gibt es einen gravierenden Unterschied zwischen ihnen: Während Pia als vorbildliches Muster an Ehrgeiz, Fleiß und Wissbegier gilt, ist Paul eher bekannt dafür, vorlaut, mutig und immer auf der Suche nach neuen geheimnisvollen Rätseln zu sein.

Als die Zwillinge über die Herbstferien zu ihrer Tante und ihrem Onkel nach Amrum fahren, stoßen sie dort auf eine unheimliche Serie von Einbrüchen. Als kurz darauf auch noch die kleine Britta verschwindet, ist der Spürsinn von Pia und Paul geweckt. Was hat der unfreundliche Fährmann Jonas Falk mit der Sache zu tun? Und woher kommen die Morsezeichen, die Paul in der Nacht durch sein Fenster beobachtet? Glücklicherweise steht den Zwillingen ihr Amrumer Freund Sven zur Seite, der als Ortsansässiger immer viele hilfreiche Informationen zur Hand hat. Ob es den dreien gelingt, die Einbruchserie und die Entführung aufzudecken?

Angst auf Amrum

„... und deswegen verlangt das kleine, aber feine Wörtchen ‚wegen' auch den Genitiv." Die sonore Stimme der Deutschlehrerin Euphemia Schallert hallte durch das Klassenzimmer der 6b des Friedrich-Schiller-Gymnasiums.

Grammatik stand auf dem Stundenplan und die Schüler der 6b hatten allesamt Mühe, in der sechsten und letzten Stunde dieses Schultages dem Thema zu folgen. Selbst die vorbildlichsten unter ihnen konnten sich nicht auf den Stoff, den Frau Schallert mit Enthusiasmus und Liebe zum Detail vorbereitet hatte, konzentrieren. Eine von diesen vorbildlichen Schülerinnen war Pia Pfeiffer, die im Lehrerkollegium des Schiller-Gymnasiums als Musterbeispiel für Ehrgeiz, Fleiß und Verlässlichkeit galt.

Doch auch das pfiffige Mädchen mit den Sommersprossen und den roten Haaren wippte nervös mit den Beinen. Die Aussicht, dass diese Stunde in wenigen Minuten zu Ende sein würde und dann endlich die Herbstferien beginnen würden, war einfach zu verlockend.

„Pssst", zischte es von der Seite. Pia drehte gedankenverloren ihren Kopf nach rechts und blickte in das schelmische Gesicht ihres Zwillingsbruders Paul, für den die Ferien offensichtlich schon begonnen hatten.

Was seine Schwester in der Schule an Strebsamkeit und Wissbegier mitbrachte, schien bei Paul ganz und gar vergessen worden zu sein. Allein sein feuerrotes Haar, das in der tief stehenden Herbstsonne glänzte, deutete überhaupt darauf hin, dass man wohl Geschwister vor sich hatte.

„Was ist?", zischte Pia nervös zurück. Denn das, was sie in der letzten Stunde vor den Ferien am wenigsten gebrauchen konnte, war eine Strafarbeit.

ÜBUNG 1 !

Übung 1: Beschreibe Pia mit neun Adjektiven aus dem vorigen Textabschnitt!

_______________ _______________ _______________

_______________ _______________ _______________

_______________ _______________ _______________

Doch da war es schon zu spät. Die Zwillinge hatten mit ihrem Getuschel die Aufmerksamkeit der Deutschlehrerin erregt, die daraufhin ihre Ausführungen über Wortarten und Satzteile unterbrach. Frau Schallert war zwar eine Dame in gesetzterem Alter, doch ihr Gehör funktionierte nach wie vor tadellos.

„Was, bitte schön, gibt es nun schon wieder zu flüstern?“, fragte sie mit strengem Blick in Richtung Pia und Paul. „Nun, Paul“, fuhr Frau Schallert fort, „ich bin mir sicher, dass du uns sehr gern die Deklination des Wortes ‚Geschwätz‘ vortragen möchtest. Wir wollen schließlich alle etwas lernen.“ Nach kurzem Schweigen wandte sich Frau Schallert an Pia. „Oder möchtest du deinem Bruder freundlicherweise unter die Arme greifen?“

Während Pia etwas genervt die Worte „das Geschwätz, des Geschwätzes, dem Geschwätz“ vor sich hinmurmelte, ergriff Paul die Initiative.

„Ich frage mich gerade“, rief Paul, während er den Zeigefinger hob, „welcher Sinn und Zweck wohl hinter solchen Foltermethoden wie Diklanation steckt.“

Alle seine Klassenkameraden starrten Paul stumm an und Euphemia Schallerts Gesicht färbte sich rot.

„Deklination, es heißt Deklination“, zischte sie laut. Die Stille im Klassenzimmer wich einem heiteren Gelächter. „Nun denn. Wie wäre es, wenn die 6b in den Herbstferien einen vortrefflichen Aufsatz zum Thema ‚Mein schönstes Ferienabenteuer‘ verfasst?“ Und noch ehe die Schüler protestieren konnten, klingelte die Schulglocke. „Zehn DIN-A4-Seiten!“ Und Frau Schallert verließ den Raum.

Übung 2: Beantworte die zwei folgenden Fragen!

ÜBUNG 2 !

1. Wie nennt man die Aufsatzart, die Frau Schallert von den Schülern der 6b verlangt? ______________________________

2. In welchem Tempus wird diese Aufsatzart verfasst? __________

____

Während Pia Pfeiffer noch immer schweigend auf ihrem Stuhl saß und den Tränen sichtlich nahe war, packte Paul wütend seinen Ranzen.

„Was sollte das denn? Du denkst wohl, du bist ’n ganz Schlauer“, schallte es von der Seite. „Und nun haben wir deinetwegen eine Strafarbeit bekommen. Toll, wirklich ganz toll, wie du das gemacht hast!“ Sebastian Schädlich, der Schrecken der Klasse, der als der Schüler mit den meisten Tadeln in die Geschichte des Schiller-Gymnasiums eingegangen war, baute sich drohend vor Paul auf. „Und deswegen wirst du in den Ferien auch schön fleißig sein!“ Sebastian grinste ihm fies entgegen.

„Was soll das denn bedeuten?“ Paul blickte den Jungen in der fleckigen Lederjacke irritiert an.

„Das soll bedeuten: Du wirst zwei Aufsätze schreiben. Deinen und selbstverständlich auch meinen. Ich habe gewiss etwas Besseres in den Ferien zu tun, als irgendwelche dämlichen Aufsätze für die Schallert zu schreiben“, antwortete Sebastian Schädlich mit drohender Stimme.

Paul war in körperlicher Hinsicht zwar eher klein und schmächtig, doch ängstlich war der Junge keineswegs.
„Das kannst du vergessen! Es reicht, dass ich meinen Aufsatz abliefern muss.“ Mit diesen Worten und ohne einen weiteren Kommentar verließ Paul das Klassenzimmer und ließ Sebastian Schädlich, den verblüfften Schrecken der Klasse, einfach so stehen.
„Richte deinem Bruder aus, dass ich am Montag nach den Ferien um Punkt halb acht auf dem Pausenhof auf ihn warten werde, um meinen Aufsatz in Empfang zu nehmen.“ Sebastians Stimme bebte vor Wut. „Und sollte er an Gedächtnisschwund leiden, werde ich sicher eine passende Medizin für ihn finden.“
Pia saß immer noch wie angewurzelt auf ihrem Stuhl und musste mitanhören, wie Sebastian Schädlich seine Fingerknochen knacken ließ.
„In Ordnung“, stammelte das Mädchen leise. „Ich richte es aus.“

! ÜBUNG 3

Übung 3: Schreibe die Adjektive auf, mit denen die sechs Substantive, die im folgenden Abschnitt unterstrichen sind, anschaulich beschrieben werden!

______________________ ______________________

______________________ ______________________

______________________ ______________________

„Was hast du dir nur dabei gedacht?“ Pia hastete ihrem Bruder hinterher, um ihm gehörig den Kopf zu waschen. Doch der setzte nur seine berühmt-berüchtigte Unschuldsmiene auf, als wäre er sich keiner Schuld bewusst.
„Wieso? Das war doch nur eine stinknormale Frage an eine liebenswürdige Lehrerin.“ Paul zuckte unbeteiligt mit den Schultern.

„Ja, sicher." Pia Pfeiffer war ein ansonsten eher ruhiges Mädchen, das so schnell nicht aus der Fassung zu bringen war. Doch dieses Mal war sie wirklich wütend. Unnötige Hausaufgaben, noch dazu in den Ferien, das musste doch nun wirklich nicht sein!

„Und auf diese – wie du sie nennst – stinknormale Frage hat Frau Schallert eine stinknormale Antwort gegeben. Herzlichen Dank!" Bockig stellte sie sich vor ihren Zwillingsbruder, der nun stehen bleiben musste.

„Jetzt krieg dich wieder ein!" Paul versuchte seine aufgebrachte Zwillingsschwester zu beruhigen. „Die zehn Seiten werden wir schon schaffen." Versöhnlich zwinkerte er Pia zu.

„Du meinst wohl 20 Seiten. Die besten Grüße von Sebastian, er erwartet deinen Aufsatz Montagmorgen, direkt nach den Ferien." Paul spürte einen Kloß in seinem Hals.

„Mit dem werde ich schon fertig", krächzte er. Doch seine Stimme klang alles andere als überzeugend. Schnell wechselte er das Thema: „Was mir aber mehr zu denken gibt: Was soll denn überhaupt unser aufregendstes Ferienabenteuer werden? Der Streit zwischen Ma und Paps, wenn sie sich wieder einmal wegen Mas Lieblingsserie in die Wolle kriegen? Damit lassen sich wohl kaum zehn Seiten füllen." Paul ging um Pia herum und steuerte die Fahrradständer an.

Übung 4: Fasse zusammen, warum Pia so wütend ist! Benutze dazu das Präsens. Schreibe deine Antwort in ein Extraheft.

ÜBUNG 4 !

„Verflixt! Ich hab' einen Platten!" Paul Pfeiffer blickte fluchend auf sein Mountainbike und übersah dabei völlig, wie Sebastian Schädlich breit grinsend mit seinem Rad den Schulhof verließ.

„Hast du vielleicht eine Luftpumpe dabei?", fragte Paul seine Schwester in der Hoffnung, dass die ansonsten so pflichtbewusste Pia auch auf solche Fälle vorbereitet war.

„Natürlich.“ Pia reichte ihrem Bruder die Luftpumpe. „Man sollte eben für alles gewappnet sein.“ Und während Paul sein Hinterrad mit Luft füllte, sah Pia ihre Chance gekommen, das Thema Ferienaufsatz noch einmal anzusprechen: „Irgendwie hast du schon recht“, gab das Mädchen mit den Sommersprossen kleinlaut zu. „Viel passieren wird in den Ferien wohl kaum. Da wird es nicht leicht, sich etwas aus den Fingern zu saugen.“

„Meine Rede“, entgegnete ihr ein keuchender Paul, während sein Reifen langsam, aber sicher wieder Gestalt annahm. „So, geschafft. Lass uns schnell nach Hause fahren und endlich den ersten Nachmittag unserer Herbstferien genießen“, seufzte Paul und streckte sich dabei, als hätte er bereits einen arbeitsreichen Zwölf-Stunden-Tag hinter sich.

„Du meinst wohl, wir sollten das eine oder andere Thema erörtern, das für einen Aufsatz infrage käme.“ Da war sie wieder, die fleißige Musterschülerin des Schiller-Gymnasiums, für die ihr Bruder allerdings nur ein ungläubiges Kopfschütteln übrighatte:

„Das muss doch nicht gleich heute sein!“ Und noch ehe Pia protestieren konnte, trat Paul in die Pedale und radelte los.

Als die beiden Geschwister das elterliche Wohnhaus betraten, wurden sie bereits von Mutter und Vater erwartet.

„Ah“, rief Katrin Pfeiffer, „da seid ihr ja endlich! Kommt rein. Wir haben eine Überraschung für euch.“

ÜBUNG 5 !

Übung 5: Beantworte die zwei folgenden Fragen!

1. Welches wichtige Element im Aufbau einer Erzählung stellt der vorangegangene Absatz dar? ______________________________

2. Welche Funktion hat dieses Element? ______________________________

____

„In der Tat, das werden erfreuliche Neuigkeiten sein." Ein Mann, Mitte vierzig, lugte um die Ecke in den Flur, in dem sich Pia und Paul gerade ihrer Jacken entledigten. Es war Adalbert Pfeiffer. Der Vater der Zwillinge war ein großer und stattlicher Mann mit einem Schnauzbart, der einem Walross alle Ehre gemacht hätte. Mit tiefer Stimme brummte er seinen Kindern in freudiger Erwartung entgegen: „Nun macht schon, macht schon! Oder wollt ihr gar nicht wissen, was euch in den Ferien erwartet?" Dabei strahlte er wie ein kleines Kind, das endlich ein wohlbehütetes Geheimnis lüften wollte.

„Paps, du bist schon da?", wunderte sich Pia. Denn Adalbert Pfeiffer war Trompeter in einem Orchester und deswegen mindestens das halbe Jahr lang in aller Herren Länder unterwegs.

„Na, das nenne ich eine überschwängliche Begrüßung!" Herr Pfeiffer grinste seiner Tochter entgegen und breitete die Arme aus, als Pia auf ihren Vater zugestürzt kam. Paul nahm das ganze Szenario gelassener hin:

„Hi, Dad." Er hob flüchtig die Hand zum Gruß.

„Hallo, Sohnemann. Wie war es heute in der Schule?" Adalbert Pfeiffer war zwar oft auf Tournee, doch die schulischen Leistungen seines Sohnes waren ihm trotzdem nicht verborgen geblieben. Wohl wissend, dass ihm Pauls Gesichtsausdruck nichts verraten würde, wandte er den Blick zu seiner Tochter. Und wie recht er hatte: Pia war puterrot angelaufen. „Nun, was hat dein Bruder wieder angestellt?" Doch Paul kam ihr zuvor:

„Nichts Schlimmes, Dad. Im Gegenteil. Ich hab' uns nur zu zusätzlichen Hausaufgaben verholfen, damit wir auch in den Ferien vorbildlich arbeiten." Langsam begriff auch Paul, was er sich, seiner Schwester und letztendlich der gesamten Klasse eingebrockt hatte. Schnell wechselte er das Thema: „Was gibt es nun so Spannendes?"

ÜBUNG 6 !

Übung 6: Überlege dir vier Möglichkeiten, wie die Überraschung aussehen könnte!

____________________ ____________________

____________________ ____________________

Im Wohnzimmer nahm Katrin Pfeiffer den Platz auf der Couch neben ihrem Mann ein. Adalbert Pfeiffer hatte Katrin bei einem seiner Konzerte kennengelernt, das Katrin mit ihrer Schwester Femke besucht hatte: ein Potpourri der bekanntesten Musical-Songs. Katrin Pfeiffer liebte Musicals über alles, ganz im Gegensatz zu ihrer Schwester Femke, die nur widerwillig mitgekommen war.
„Wie er seine Backen aufplusterte“, erzählte Katrin Pfeiffer immer wieder gern von ihrem ersten Treffen mit ihrem Mann, „das hat mich einfach umgehauen.“

ÜBUNG 7 !

Übung 7: Erzähle aus Katrin Pfeiffers Perspektive, wie sie ihren Mann Adalbert kennengelernt hat! Schreibe in dein Extraheft.

Und nun saßen Paul und Pia neugierig auf dem großen Eisbärfell, einem Mitbringsel von Herrn Pfeiffers Tournee in Kanada, und hingen ihrem Vater buchstäblich an den Lippen.
„Also“, begann Adalbert Pfeiffer mit bedeutungsvoller Miene und lächelte seine Frau zärtlich an, „eure Mutter und ich haben beschlossen, die Herbstferien in Paris zu verbringen.“ Kaum hatte er den Satz zu Ende gesprochen, fiel Paul ihm ins Wort:
„Fantastisch, dann können wir ja endlich nach Disneyland fahren!” Voller Begeisterung war er aufgesprungen und konnte sich nicht entscheiden, wem er zuerst um den Hals fallen sollte. Ein Traum wurde wahr! Doch dieser Traum zerplatzte so schnell wie eine Seifenblase, als Vater Pfeiffer wieder das Wort ergriff.

„Nicht ganz, Sohnemann, nicht ganz. Ich sagte: Eure Mutter und ich fahren nach Paris."
Jetzt fing auch Pia an, sich zu regen, während ihr Bruder beleidigt wieder auf dem Eisbärfell Platz nahm.
„Und was wird aus uns?", fragte sie enttäuscht. Paris, das Disneyland, das hätte auch ihr gefallen.
„Für euch haben wir uns stattdessen etwas ganz Besonderes ausgedacht", antwortete ihr Vater.
„Nun spann die beiden nicht länger auf die Folter, Bertel!" wandte Katrin Pfeiffer ein.
„Du hast recht, Katrinchen", säuselte ihr Mann zurück.
Paul rollte mit den Augen. Das Bedürfnis, den Raum zu verlassen, kam in ihm hoch – wie immer, wenn seine Eltern Liebesschwüre austauschten. Doch nun musste er ausharren, bis das Geheimnis

endlich gelüftet war. Jetzt schon die Flucht zu ergreifen verbot ihm seine Neugierde.

„Also“, holte Herr Pfeiffer abermals aus. „Ihr verbringt die Herbstferien bei Tante Femke und Onkel Ruben. Was sagt ihr nun?“

„Genial!“, riefen Paul und Pia im Chor, sodass der Dirigent von Adalbert Pfeiffers Orchester seine helle Freude gehabt hätte.

„Wann soll es losgehen? Sollen wir gleich unsere Sachen packen? Ma, machst du uns noch schnell ein paar Brote?“ Paul war gar nicht mehr zu bremsen, und den verpassten Ausflug in den Vergnügungspark in Paris hatte er offenbar längst vergessen. Urlaub bei Onkel Ruben, das war Vergnügen genug!

„Nun aber mal langsam!“ Mutter Pfeiffer versuchte ihren Sohn zu beruhigen. „Es geht noch nicht gleich morgen los. Ruben und Femke sind heute erst aus dem Urlaub zurückgekommen. Und zumindest einen freien Tag wollen wir ihnen dann doch gönnen – ohne euch zwei Chaoten. Aber am Sonntagmorgen bringen wir euch zur Fähre.“

„Was heißt denn hier ‚zwei Chaoten‘?“, fragte Pia beleidigt.

„Komm schon, Pia. Das ist die Gelegenheit für unseren Aufsatz. Der wird jetzt ein Klacks!“, jubelte Paul, während er seiner Schwester mit den Fingern in die Rippen stach.

ÜBUNG 8 !

Übung 8: Beschreibe Pias und Pauls Vater in ganzen Sätzen!

1. Wie sieht er aus? ______________________________

____

2. Was für ein Mensch ist er? ______________________

____

3. Welchen Beruf übt er aus? ______________________

____

4. Was bringt der Beruf mit sich? ______________________________

____

Den ganzen Nachmittag schwelgten Pia und Paul in den Erinnerungen an ihren letzten Besuch bei Onkel Ruben und Tante Femke. Die beiden lebten schon seit vielen Jahren auf der Nordseeinsel Amrum, und schon allein diese Tatsache weckte in Pia und Paul die Abenteuerlust.

„Weißt du noch damals, als dich der Fischreiher ins Bein gezwickt hat?", fragte Paul lachend. Doch seine Schwester warf ihm nur einen überlegenen Blick zu.

„Du meinst wohl den Tag, als du unbedingt den Frosch fangen musstest, dabei besonders elegant in den Graben gepurzelt bist und anschließend drei Meilen gegen den Wind gestunken hast", entgegnete Pia mit einem entwaffnenden Lächeln auf den Lippen.

Sechs Jahre waren vergangen, seitdem die Zwillinge Ruben und Femke Reimann auf der Insel besucht hatten. Onkel Ruben war eigentlich Vogelkundler von Beruf, doch auf Amrum leitete er das Naturkundemuseum und kümmerte sich nebenbei auch um den Leuchtturm. Pia und Paul erinnerten sich noch ganz genau an den Tag, an dem er die beiden mit auf den Leuchtturm genommen hatte. Obwohl sie damals gerade einmal sechs Jahre alt gewesen waren, hatten sie die umwerfende Aussicht bis heute nicht vergessen.

Übung 9: Stelle fünf W-Fragen zu Pias und Pauls erstem Aufenthalt auf Amrum!

ÜBUNG 9 !

1. ____

2. ____

3. ____

4. ____________________

5. ____________________

Mittlerweile war der Abend angebrochen. Pia saß auf der Couch und las ein Buch, während ihr Bruder Paul oben in seinem Zimmer vor dem Computer hockte. Plötzlich schrillte das Telefon.

„Wer mag das jetzt noch sein?“ Adalbert Pfeiffer hastete zum Hörer und nahm ab. „Ach, du bist es, Ruben. Wie war denn der Urlaub?“ Dann verstummte Herr Pfeiffer und sagte geschlagene fünf Minuten keinen Ton mehr. Seine Miene verfinsterte sich zunehmend, ehe er mit den Worten auflegte: „Ich werde mit Katrin darüber sprechen. Wenn es nicht geht, geht es nicht.“

Pia schaute verdutzt von ihrem Buch auf.

! ÜBUNG 10

Übung 10: Notiere Stichwörter zur Handlungsfolge einer Erzählung, die Pia über die ersten Ferien auf Amrum schreiben könnte!

____

____

____

____

____

____

Während seine Schwester sich noch fragte, was der Anruf ihres Onkels wohl zu bedeuten hatte, wusste Paul schon genauestens Bescheid. Als das Telefon geklingelt hatte, hatte Paul praktisch zeitgleich mit seinem Vater den Hörer des Zweitapparates abgehoben und das ganze Gespräch mit angehört.

„Ich mache es kurz, Adalbert. Femke und ich halten es für keine gute Idee, dass die Kinder am Sonntag kommen."
„Aber Ruben ...", hörte Paul seinen Vater in den Hörer stammeln. Wahrscheinlich sah Herr Pfeiffer gerade Paris samt dem Eiffelturm in hohen Nordseewellen untergehen.
„Lass mich erzählen", unterbrach ihn Onkel Ruben. „Wir sind ja erst heute aus dem Urlaub zurückgekommen. Und noch bevor wir unser Haus in Nebel erreicht hatten, fing uns bereits Norbert Spitz ab."
Norbert Spitz war der Polizist von Süddorf, dem ältesten Teil des Ortes Nebel, in dem Femke und Ruben Reimann lebten. Er war auch schon vor sechs Jahren im Amt gewesen, als Paul und Pia das letzte Mal auf Amrum gewesen waren. Und alles, was Paul noch in Erinnerung hatte, war, dass Norbert Spitz für einen Polizisten einen erschreckend tollpatschigen Eindruck hinterließ. Allein wie er damals versucht hatte, Paul nach seiner erfolglosen Froschjagd aus dem Graben zu ziehen, wäre bester Stoff für eine Komödie gewesen.
Paul lauschte nun wieder den ernsten Worten seines Onkels:
„Norbert erzählte uns, dass in den letzten drei Wochen, in denen wir nicht auf Amrum waren, seltsame Dinge vor sich gegangen sind: Häuser wurden reihenweise ausgeraubt. Und wir wollen die Kinder nicht in Gefahr bringen."

Übung 11: Schreibe eine kurze Geschichte in dein Heft, in der die folgenden Reizwörter vorkommen! Deine Geschichte muss inhaltlich nicht mit dem Krimi zusammenhängen. ***Herbstferien – Anruf von Onkel Ruben – Paris – Disneyland***

ÜBUNG 11 !

Als das Gespräch beendet war und auch Paul den Hörer wieder aufgelegt hatte, hörte der Junge schnelle Schritte die Treppe heraufeilen. Pia platzte in sein Zimmer.

„Ich muss dir was erzählen, Paul. Es ist schrecklich!“ Pia war ganz außer Atem, aber ihr Bruder winkte nur lässig ab:
„Habe ich ‚herein‘ gesagt?“
„Wenn du wüsstest …“, protestierte Pia energisch.
Aber noch ehe Pia einen weiteren Ton von sich geben konnte, berichtete Paul haarklein, wie sich das Telefonat zwischen Vater Pfeiffer und Onkel Ruben zugetragen hatte.
„Aber das ist ja noch entsetzlicher, als ich dachte“, meinte Pia. „Und was machen wir nun? Scheint ganz so, als warteten doch noch stinklangweilige Ferien auf uns.“
„Nicht ganz“, antwortete Paul mit einem geheimnisvollen Unterton. „Was wir jetzt brauchen, ist ein Plan. Wir müssen versuchen uns durchzusetzen und energisch zu bleiben. Ich glaube kaum, dass Ma und Paps auf ihr heiß geliebtes Paris so einfach verzichten wollen.“
„Aber wie sollen wir das anstellen?“ Pia zuckte mit den Schultern. „Die Fakten sprechen gegen uns.“
„Warten wir einfach das morgige Frühstück ab. Du kennst doch die beängstigende Gute-Morgen-Laune, die die beiden immer haben. In dieser Euphorie können wir sie vielleicht doch noch überreden. Und außerdem packen wir am besten jetzt schon unsere Koffer und stellen Ma und Paps damit morgen vor vollendete Tatsachen.“
„Die Sache mit den Koffern ist gar keine schlechte Idee. Wir könnten zumindest schon einmal eine Liste machen, damit wir auch nichts vergessen.“ Und schon war Pia aus dem Zimmer geeilt.

Als Katrin Pfeiffer am nächsten Morgen schlaftrunken die Treppe hinunter in Richtung Küche ging, stieg ihr der Kaffeeduft schon in die Nase. Verwundert öffnete sie die Tür, woraufhin Pia und Paul ihre Mutter warmherzig in Empfang nahmen.
„Guten Morgen, Ma“, sagte Paul in einem dermaßen freundlichen Ton, dass Katrin Pfeiffer schon Böses schwante.

„Was habt ihr denn Schlimmes verbrochen, dass der Frühstückstisch ausgerechnet an eurem ersten Ferientag schon in aller Herrgottsfrühe gedeckt ist?“

Übung 12: Sammle Stichwörter (jeweils Adjektiv und Substantiv), mit denen du einen schön und reichlich gedeckten Frühstückstisch beschreiben könntest!

ÜBUNG 12 !

______________________ ______________________

______________________ ______________________

______________________ ______________________

______________________ ______________________

______________________ ______________________

Die Tür ging ein zweites Mal auf, und ein fröhlich pfeifender Adalbert Pfeiffer machte seinem Namen alle Ehre. Nicht minder verdutzt hielt er inne. Doch im Gegensatz zu seiner Frau hatte er sogleich die zwei vollgestopften Koffer in der Ecke entdeckt.
„Was hat das denn nun wieder zu bedeuten?“, fragte er skeptisch.
„Nun, ähm, ich habe gestern zufällig dein Gespräch mit Onkel Ruben mitangehört …“ Paul versuchte, das Gespräch diplomatisch zu beginnen.
„Zufällig also“, antwortete Vater Pfeiffer argwöhnisch. „Dann seid ihr zwei also auch schon darüber informiert, dass eure Reise nach Amrum ausfallen wird.“
„Och, Paps. So schlimm wird es schon nicht sein. Wir sind schließlich alt genug und werden ganz gewiss auf uns aufpassen“, antwortete Paul. Und um die Worte ihres Bruders zu bekräftigen, fiel Pia ihrem Vater um den Hals und ergänzte:

„Und am Ende wollen Paul und ich doch nicht schuld sein, dass ihr euren Paris-Urlaub streichen müsst. Das wäre doch sehr schade."
Adalbert Pfeiffer schien nicht sonderlich überzeugt zu sein und blickte nun noch viel skeptischer zu seiner Frau hinüber, die sich ein Lachen kaum noch verkneifen konnte. Ihre Kinder hatten recht: Sie wollte nur ungern auf Paris verzichten.
„Adalbert, lass uns noch einmal darüber nachdenken. Meinst du nicht, Ruben und Femke übertreiben ein wenig? Im Endeffekt sind bei den Einbrüchen ja nur Wertgegenstände entwendet worden."
Bei diesen Worten zwinkerten sich die Zwillinge grinsend zu.

Selbstverständlich hatten Pia und Paul ihre Hilfe angeboten, als ihr Vater am späten Vormittag zum Einkaufen aufbrechen wollte. So konnten sie zum einen versuchen, ihn milde zu stimmen, und zum anderen die Zeit nutzen, ihn weiter hinsichtlich des Amrum-Ausfluges zu bearbeiten. Als sie gegen Mittag wieder zurückkamen, öffnete ihnen Katrin Pfeiffer freudestrahlend die Wohnungstür.
„Also Kinder, ich habe noch einmal mit Femke gesprochen."
„Und?", schallte es ihr entgegen.
„Nun, Femke meint, Ruben würde vielleicht doch ein wenig übertreiben. Die Lage auf Amrum sei zwar unheimlich. Aber schließlich sei ja kein Mensch zu Schaden gekommen."
„Das heißt im Klartext?", fragte Paul ungeduldig.
„Im Klartext heißt das", Katrin Pfeiffer machte eine längere Pause, bei der eigentlich nur noch der Trommelwirbel fehlte, „ihr dürft fahren. Femke meint, dass ..." Doch weiter kam Mutter Pfeiffer nicht. Pia und Paul fielen sich johlend in die Arme und Adalbert Pfeiffer drückte seiner Frau einen dicken Kuss auf die Wange.

Der Abend rückte näher und damit auch die vorerst letzte Nacht im eigenen Bett. Denn morgen würden die beiden Zwillinge tatsäch-

lich nach Amrum aufbrechen. Schon beim Zähneputzen begann Paul, wilde Pläne für die Zeit auf der Insel zu schmieden.
„Vielleicht können wir Norbert ja ein wenig unter die Arme greifen“, meinte Paul und hielt seinen Mund unter den Wasserhahn.
„Jetzt mach’ aber mal halblang! Hast du schon vergessen, dass wir Ma und Paps versprochen haben, keinen Unsinn anzustellen?“, antwortete Pia. Aber ihr Bruder war längst von der Abenteuerlust gepackt:
„Das gibt einen famosen Deutschaufsatz!“, strahlte er.

Übung 13: Ersetze das Verb ***sagen*** *durch zehn anschaulichere Verben! Einige Lösungsmöglichkeiten findest du im vorangegangenen Abschnitt.*

ÜBUNG 13 !

____________________	____________________
____________________	____________________
____________________	____________________
____________________	____________________
____________________	____________________

Es war Sonntagmorgen und Pia wurde von den dicken Regentropfen geweckt, die an ihre Fensterscheiben trommelten. Sie wollte sich gerade noch einmal umdrehen, als ihr einfiel, dass sie ja heute Onkel Ruben und Tante Femke besuchen würde. Blitzschnell sprang sie aus dem Bett und eilte ins Bad.
Als sie schließlich nach unten in die Küche kam, saß der Rest der Familie Pfeiffer schon vereint am Frühstückstisch.
„Aha, unsere Langschläferin“, neckte ihr Vater sie und reichte seiner Tochter einen frischen Toast.

„Ihr hättet mich ruhig wecken können!", schimpfte Pia. Aber so schnell konnte ihr heute keiner die gute Laune verderben. In ein paar Stunden würde sie gemeinsam mit Paul in dem schönen alten Haus mit dem Strohdach sitzen und genüsslich einen Kakao trinken. Da konnte es dann so stark regnen, wie es wollte.

Katrin Pfeiffer blickte besorgt durch das Küchenfenster und beobachtete den pechschwarzen Himmel, der seine Schleusen geöffnet hatte.

„An eure Regensachen habt ihr hoffentlich gedacht?", fragte sie.

„Selbstverständlich", und schon fingerte Paul in seinem Koffer herum und fischte zielsicher sein Regencape heraus, das quietschgelb war. Pia tat es ihm gleich. Als sie ihren giftgrünen Overall angezogen hatte, sah sie ein wenig aus wie der Frosch, den ihr Bruder vor Jahren auf Amrum versucht hatte einzufangen.

„Meinetwegen kann es losgehen!", rief sie unter ihrer Kapuze hervor.

„Na, zumindest seid ihr gut vorbereitet." Amüsiert blickte Vater Pfeiffer auf die Regenkleidung seiner Kinder. „Ich werde dann mal den Wagen vorfahren."

Es dauerte keine fünf Minuten, da hupte Herr Pfeiffer – das Zeichen für die Abfahrt.

ÜBUNG 14 !

Übung 14: Hast du die beiden besonders aussagekräftigen Farbadjektive im letzten Abschnitt entdeckt? Notiere sie und erfinde vier weitere so anschauliche Farbadjektive!

____________________ ____________________

____________________ ____________________

____________________ ____________________

Die Fahrt in den hohen Norden verlief vergnüglich. Herr Pfeiffer trällerte ein Lied aus dem Radio lautstark mit und seine Kinder begleiteten ihn von der Rückbank aus. Mutter Pfeiffer indes beobachtete nach wie vor den Himmel und das, was sich am Horizont zusammenbraute. Die Wolken türmten sich wie dunkle Festungen auf und der prasselnde Regen machte es Herrn Pfeiffer schwer, eine klare Sicht auf die Straße zu behalten.

„Mir schwant nichts Gutes“, unkte Katrin Pfeiffer. „Hoffentlich setzt bei solch einem Unwetter überhaupt eine Fähre über. Aber euer Onkel meinte, er habe extra einem Fährmann auf der Insel Bescheid gegeben. Und der wird kommen, um euch abzuholen – komme, was wolle.“

Und so fuhr Familie Pfeiffer noch drei Stunden in Richtung Norden, schnurstracks nach Dagebüll, von wo aus eine Fähre die Kinder direkt zum Amrumer Hafen in Wittdün bringen sollte. Dort wollte Onkel Ruben die beiden dann abholen.

„Da sind wir“, ließ Adalbert Pfeiffer schließlich verlauten. „Zumindest hoffe ich das.“ Der Regen war tatsächlich so stark, dass man wenig von dem, was da draußen liegen mochte, erkennen konnte.

Übung 15: Ersetze in dem folgenden Satz das Verb ***sein*** *durch sechs anschaulichere Verben:* ***Der Regen war so stark, dass man wenig erkennen konnte****.*

ÜBUNG 15 !

________________ ________________

________________ ________________

________________ ________________

„Dann wollen wir euch mal zur Fähre bringen“, sagte Mutter Pfeiffer mit besorgter Stimme zu den Zwillingen. Hätte sie die hohen Wellen der Nordsee sehen können, wäre ihre Angst noch beträchtlich größer geworden.

„Jetzt lasst mal gut sein“, entgegnete Paul. „Ihr werdet doch nur klatschnass. Und bei diesem Sturm ist es sicher nicht die beste Idee, einen Regenschirm zu gebrauchen.“

Adalbert Pfeiffer, von Natur aus ein eher bequemer Weggefährte, nickte seinem Sohn zufrieden zu, was aber einen strengen Blick seiner Frau zur Folge hatte. Doch nach einem kurzen Wortwechsel musste auch Katrin Pfeiffer zugeben, dass Paul recht hatte.

„In Ordnung“, meinte sie murrend, während Sohn und Tochter erst ihr, dann Adalbert Pfeiffer Küsse auf die Wangen drückten. „Passt aber gut auf euch auf!“, rief sie den Zwillingen noch hinterher, als Pia und Paul sie schon längst nicht mehr hörten. Nur mit Mühe konnten ihre Eltern durch den dichten Regen sehen, wie ein älterer Mann die Geschwister in Empfang nahm.

„Mitkommen!“ Die kräftige Stimme des knorrigen Gesellen schallte unfreundlich durch den Wind. „Ich bringe euch mit der ‚Margarita‘ nach Amrum.“ Pia und Paul schauten sich ein wenig

besorgt an. Einen noch unfreundlicheren Fährmann hätte ihr Onkel ihnen wahrlich nicht schicken können. Wie zur Bestätigung blaffte der alte Mann: „Beeilt euch! Und die Koffer könnt ihr selbst schleppen!“ Die Zwillinge schauten sich noch einmal kurz nach dem Auto ihrer Eltern um und folgten Jonas Falk in Richtung Anlegestelle, wo die „Margarita“ heftig in den Wellen schaukelte.
„Das nenne ich eine nette Begrüßung. Da können wir nur hoffen, dass die Überfahrt nicht allzu lange dauert“, flüsterte Paul. Doch der Wind schien die Worte bis zu Jonas Falk getragen zu haben:
„Was gibt es da noch zu quatschen? Hier lang!“ Immerhin half der knorrige Fährmann den Kindern, die schmale Planke zur „Margarita“ sicher zu überqueren, während der Sturm noch immer über die Nordsee brauste.

ÜBUNG 16 !

Übung 16: Ordne die folgenden Adjektive den passenden Substantiven aus dem vorangegangenen Abschnitt zu: ***nette, hohe, kurzer, kräftige, bequemer, unfreundlicher, strenger, alter***

________________ Stimme	________________ Wortwechsel
________________ Mann	________________ Begrüßung
________________ Blick	________________ Wellen
________________ Fährmann	________________ Weggefährte

Als schließlich Paul, Pia, ihre Koffer und auch Jonas Falk die „Margarita“ sicher erreicht hatten, erwarteten die zwei Geschwister eigentlich, dass sie sofort die Leinen losmachen und Richtung Amrum schippern würden. Doch zu ihrer Überraschung schien Jonas Falk noch auf jemand anders zu warten.
„Macht es euch in der Kabine bequem“, krächzte ihnen seine Stimme entgegen. „Wir erwarten noch einen weiteren Passagier.“

Ohne Widerworte stiegen Paul und Pia die Stufen hinab in die gemütliche Kabine, die angenehm beheizt war. An den Holzwänden hingen Bilder alter Schiffe, die mit dem Seegang nach links und rechts schwangen. Von Minute zu Minute wurde es Pia in der Magengegend mulmiger und ihre Gesichtsfarbe nahm einen ungesunden Grünstich an.

„Reiß dich bloß zusammen! Ansonsten lässt uns der Kapitän noch das Deck schrubben", neckte Paul seine Schwester.

Auf einmal hörten sie Schritte an Deck. Paul öffnete die Kabinentür und lauschte.

„Da sind Sie ja endlich, Salber", vernahm er den Fährmann. Dann hörte er eine zweite Stimme:

„Nur die Ruhe, Falk! Sie profitieren schließlich auch davon."

Paul hörte, dass der Motor angeschmissen wurde, und bemerkte, wie sich die „Margarita" unter nun noch heftigerem Schaukeln in Bewegung setzte. Seiner Schwester Pia behagte dieses zusätzliche Wanken keineswegs. Auf einmal sprang sie auf und musste – seekrank, wie sie war – die Toilette aufsuchen. Paul, der das Szenario teilnahmslos beobachtete, schüttelte nur verständnislos den Kopf. Erst fünfzehn Minuten später tauchte Pia wieder in der Kabine auf. Die Zwillinge versuchten, sich so ruhig wie möglich zu verhalten, denn auf unangenehmen Besuch von oben konnten sie getrost verzichten.

! ÜBUNG 17

Übung 17: Schreibe in Stichworten, welche sechs Handlungsschritte der vorangegangene Abschnitt beinhaltet!

1. ______________________________

2. ______________________________

3. ______________________________

4. ____

5. ____

6. ____

„Wir sind da. Rauskommen!“ Das Geschrei von Jonas Falk riss Pia und Paul aus ihren Träumereien. Auf der Fahrt hatten sie nur wenige Worte gewechselt und sich die Stille damit vertrieben, die Gemälde mit den alten Schiffen an den Kabinenwänden zu betrachten und sich zu fragen, ob deren Kapitäne wohl auch so finstere Gesellen wie Jonas Falk gewesen sein mochten. Zurück in der Wirklichkeit blickten sich die Zwillinge nur stumm an und kletterten die Stufen nach oben an Deck, wo immer noch der Wind heulte. Nur der Regen hatte zumindest ein bisschen nachgelassen. Amrum hatte sicherlich schon schönere Tage erlebt.
„Aha, da sind ja die Landratten. Die Überfahrt scheint ihnen ja nicht sonderlich gut bekommen zu sein.“ Ein fremder Mann mittleren Alters grinste die beiden Kinder hämisch an.
„Ist mir gleich. Ich sollte sie rüberbringen. Das habe ich erledigt. Der Rest ist nicht mehr meine Sache“, murmelte Falk. Und zu Pia und Paul gewandt, meinte er: „Eure Koffer stehen schon an Land.“ Dann drehte er sich um und beachtete sie nicht mehr.
„Und du, Jonas, denk’ an unsere Abmachung!“, zischte der Mann mit dem fiesen Grinsen zum Fährmann, als er über die Planke an Land ging. In Jonas Falks Gesicht regte sich keine Miene – er war jetzt voll und ganz damit beschäftigt, die „Margarita“ gegen den Sturm zu sichern.
Da der Fährmann ohnehin mit sich und seinem Schiff beschäftigt war, zogen es die Zwillinge vor, die „Margarita“ so schnell als möglich zu verlassen, zumal sie tatsächlich am Kai ihre beiden Koffer entdeckten. Flink marschierten sie über die Planke und

erreichten – sehr zum Gefallen von Pia – endlich wieder festen Boden unter den Füßen.

ÜBUNG 18 !

Übung 18: Erzähle den vorangegangenen Abschnitt in wenigen Sätzen im Präteritum nach! Beginne mit den Worten: ***Die „Margarita“ landete im Hafen von Wittdün ...*** *Schreibe diese Aufgabe in dein Extraheft.*

„Kein Wort der Dankbarkeit“, murmelte Jonas Falk ihnen hinterher, als sie die Koffer ergriffen und nach Onkel Ruben Ausschau hielten.

„Der glaubt doch wohl nicht, er bekäme auch noch Trinkgeld!“, schimpfte Paul bewusst laut. Ihm war es gleich, ob der grimmige Fährmann ihn jetzt hören konnte oder nicht. Doch bei seiner Schwester hatten die Bootsfahrt und das unfreundliche Auftreten von Jonas Falk Spuren hinterlassen. Sie stieß Paul mit dem Ellenbogen in die Rippen und flüsterte:

„Sei still. Schauen wir lieber, wo Onkel Ruben bleibt.“

Die Kinder liefen den Kai auf und ab. Langsam, aber sicher war auch ihre eigentlich wasserfeste Kleidung völlig durchnässt und die Zwillinge begannen zu frieren. Buchstäblich wie bestellt und nicht abgeholt trotzten die beiden noch eine halbe Stunde Wind und Wetter, ehe es Paul zu bunt wurde:

„Was meinst du, ob wir die Gegend erkunden sollten?“ Doch Pia war von diesem Einfall nicht sonderlich begeistert:

„Um dann Onkel Ruben zu verpassen? Ich finde ...“ Doch ihre Antwort fand kein Gehör mehr. Paul hatte bereits seinen Koffer genommen und war losgestapft. Seine Schwester folgte ihm mürrisch. Von Weitem konnten sie schließlich den für diese Witterung ungewöhnlich gut besuchten Marktplatz entdecken. Vielleicht war Onkel Ruben ja dort, um noch ein paar Besorgungen zu machen.

Als sich die beiden den Marktständen näherten, frohlockte Paul: „Sehr gut! Hier gibt es sicher etwas Essbares.“ Und wie zur Bestätigung meldete sich sein Magen mit einem lauten Knurren. Pia, noch gezeichnet von der Überfahrt, schien entsetzt: „Wie kannst du jetzt bloß ans Essen denken?“
Doch ihr Bruder hatte bereits sein erstes Ziel ins Visier genommen. An einem großen, bunten Stand, der Käse und Fisch im Angebot hatte, blieben sie stehen.
„Entweder ihr kauft etwas oder ihr macht Platz für meine Kunden. Vom Glotzen kann ich meine Rechnungen nicht bezahlen.“
Die Zwillinge erschraken. Vor ihnen stand eine Frau, die wie wild mit ihren schwieligen Händen umherfuchtelte, als könnte sie die Geschwister wie zwei lästige Möwen, die auf Fischabfall lauern, vertreiben.
„Ein nettes Volk hier auf Amrum“, rutschte es Paul heraus.
„Jetzt werde nicht auch noch unverschämt, Kleiner!“, schnaubte die Frau wütend.
Paul lief puterrot an. Er konnte es überhaupt nicht leiden, wenn man sich über seine Größe lustig machte.
„Ah, darf ich vorstellen, Kinder: Anna Salber. Bei ihr gibt es den besten Fisch auf der Insel, ihren fantastischen Käse nicht zu vergessen. Und noch dazu einen vorzüglichen Rotwein, oder etwa nicht, Anna?“
Die Frau nickte nur stumm, während Pia und Paul sich längst umgedreht hatten und dem Mann mit der vertrauten Stimme um den Hals gefallen waren.
„Onkel Rabe!“, riefen die Kinder im Chor. Diesen Spitznamen hatten sie ihm gegeben, weil Onkel Ruben nun einmal Ruben hieß und sich außerdem vortrefflich mit Vögeln auskannte.
„Hallo, Kinder“, entgegnete er. „Ihr müsst entschuldigen. Ich wurde aufgehalten.“

„Deine Verwandtschaft musste sich sowieso noch etwas von der unruhigen Fahrt erholen." Das hämische Grinsen, das ihnen entgegenbleckte, kannten die Kinder bereits vom Schiff.
„Und darf ich wiederum vorstellen: Daniel Salber, unser vortrefflicher Apotheker."
Onkel Ruben schien auch wirklich nichts aus der Ruhe zu bringen, dachte Paul, selbst der abgebrühteste Gauner nicht.
„Kommt, Kinder!", rief Ruben Reimann fröhlich. „Mein Wagen steht gleich um die Ecke."

ÜBUNG 19 !

Übung 19: Suche im vorangegangenen Abschnitt jeweils zwei Beispiele für die folgenden Stilmittel, mit denen der Autor seine Erzählung lebendig gestaltet!

Vergleich: ______________________________

____

Relativsatz: ______________________________

____

Adjektive: ______________________________

____

Adverbien/Adverbiale Bestimmungen: ______________________________

____

Wörtliche Rede: ______________________________

____

Als die drei dem Regen entflohen waren und endlich im geräumigen Jeep Platz genommen hatten, drehte sich Onkel Ruben zu Pia und Paul um und zwinkerte ihnen freundlich zu.

„Und, wie war eure Überfahrt? Glücklicherweise konnte ich Jonas Falk so kurzfristig engagieren, um euch abzuholen.“
„Einen netteren und zuvorkommenderen Kapitän hättest du wohl nicht auftreiben können?“, wetterte Paul. Noch immer ärgerte sich der Junge über die grobe Art, mit der Jonas Falk Pia und ihn behandelt hatte.
„Das müsst ihr verstehen, Kinder. Er glaubt immer noch, dass ich ihm damals den Job im Leuchtturm weggeschnappt habe, was so natürlich nicht richtig ist. Aber hilfsbereit ist er dennoch. Schließlich hat er euch abgeholt, oder etwa nicht?“

Der Jeep hatte das Hafengebiet von Wittdün längst durchquert, fuhr an Süddorf vorbei und schnurstracks auf Nebel zu, das Örtchen, in dem Tante Femke und Onkel Ruben lebten. Endlich bog der Wagen ein letztes Mal um die Ecke. Er folgte einem langen ungepflasterten Weg und fuhr auf den Hof, der zu dem urigen Haus mit dem Strohdach gehörte. In einem der vielen Fenster sahen Pia und Paul den Schein einer Kerze. Obwohl es erst Nachmittag war, hatte die Dunkelheit bereits eingesetzt. Bestimmt wartete in der behaglichen kleinen Küche mit dem Kachelofen schon Tante Femke mit einem heißen Kakao auf sie.

Übung 20: Schreibe in dein Heft, welche Gedanken sich Tante Femke kurz vor der Ankunft der Zwillinge machen könnte!
Setze die folgenden Worte fort: ***Jetzt könnten sie aber wirklich langsam …***

ÜBUNG 20 !

Und genau so war es. Als die Zwillinge und Onkel Ruben das Haus betraten, wurden sie schon sehnsüchtig von Tante Femke erwartet: „Das wurde aber auch Zeit! Ich gehe jede Wette ein, dass euer Onkel wieder einmal getrödelt hat.“

Seit dem späten Nachmittag hatten es sich Pia und Paul gemeinsam mit Onkel Ruben und Tante Femke im Wohnzimmer gemütlich gemacht und sich gegenseitig von dem schlechten Wetter auf Amrum abgelenkt.
Mittlerweile war der Abend auf der Nordseeinsel angebrochen. Im Kamin knisterte ein Feuer, und die Kinder saßen gemeinsam mit ihren zwei Gastgebern im Schneidersitz vor den lodernden Flammen und schwelgten in Erinnerungen. Ihr letzter Besuch war zwar schon einige Jahre her, doch es war erstaunlich, wie gut sich vor allem Onkel Ruben noch daran erinnerte. Mit seinem kindlichen Gemüt gab der Leiter des Naturkundemuseums auf Amrum jedes noch so kleine Detail von Pauls damaliger Froschjagd preis. Die vier lachten herzlich, als Ruben Reimann gekonnt das Mienenspiel Pauls nachahmte, nachdem man ihn pitschnass aus dem Graben gezogen hatte. Tante Femke hatte ein paar Schnittchen vorbereitet, und so witzelten sie noch den ganzen Abend und lauschten Onkel Rubens spannenden Geschichten. Dann fiel Paul auf einmal ein, dass er und Pia ja beinahe gar nicht hätten nach Amrum kommen dürfen. Und so unterbrach er die Anekdote seines Onkels, der gerade erzählen wollte, wie Norbert Spitz, der Dorfpolizist, mit seinem Fahrrad im Watt stecken geblieben war.
„Gibt es eigentlich schon Neuigkeiten über die Einbrüche?“, wollte der Junge wissen und schaute dabei Onkel und Tante mit fragenden Augen an. Femke Reimann wich dem Blick ihres Neffen aus, indem sie sich die leeren Teller schnappte und in die Küche eilte. Und auch Onkel Ruben war sehr kurz angebunden:
„Ich glaube, Kinder, es wird Zeit fürs Schlafengehen.“
„Das war aber keine Antwort auf meine Frage“, meinte Paul naseweis. Doch sein Onkel ließ sich nicht beirren:
„Das ist auch kein Thema für einen kleinen Jungen. Und nun macht euch fertig. Die Betten sind frisch bezogen.“

Übung 21: Schreibe in Stichworten auf, wie es dem Autor gelingt, im vorangegangenen Abschnitt die Spannung zu erhöhen!

___

___

___

Paul war nur widerwillig der freundlichen, aber bestimmten Aufforderung seines Onkels gefolgt und die alte Holztreppe hinauf auf den ausgebauten Dachboden gestapft. Seine Schwester Pia hatte sich ihm angeschlossen. Nun lagen die Zwillinge in ihren weichen Daunenbetten und beobachteten durch die Dachluke die dunkle Oktobernacht. Die Wolken waren verschwunden und der helle Mond strahlte wie ein Taschenlampenlicht aus weiter Ferne. Irgendwo krächzte eine Eule, die wahrscheinlich zu ihrem nächtlichen Beutezug aufgebrochen war.

„Was glaubst du, Pia, warum reagieren Onkel Ruben und Tante Femke so allergisch auf das Thema Einbrüche?“, fragte Paul und durchbrach damit die Stille. Doch Pia antwortete nicht. Längst war sie mit ihren Gedanken abgeschweift. Sie dachte an die ungemütliche Überfahrt mit der Fähre und betete insgeheim, bei der Rückfahrt eine ruhigere See vorzufinden.

„Nun sag schon, ich merke doch, dass du nicht schlafen kannst“, bohrte der Junge hartnäckig.

„Ich denke, wenn sich Onkel Ruben zu dieser Sache nicht weiter äußern will, so wird das schon seine Gründe haben. Wir sind doch hier, um Ferien zu machen“, flüsterte Pia.

„Aber du vergisst eine entscheidende Sache: unseren Deutschaufsatz für Frau Schallert. Eine Serie von Einbrüchen, die ausgerechnet in unserem Urlaubsort passiert, ist ein durchaus spannendes Thema!“, erklärte der Junge stolz. Er war sich sicher, dass dieses schlagkräftige Argument seine Schwester aus der Reserve locken würde. Bei schulischen Pflichten wurde sie ja im Allgemeinen sehr hellhörig.

„Das mag ja alles schön und gut sein“, begann Pia, „aber was willst du unternehmen? Detektiv spielen?“

„Keine schlechte Idee.“ Paul saß auf einmal kerzengerade im Bett. „Und ich fange gleich damit an.“

! ÜBUNG 22

Übung 22: Bevor du weiterliest, schreibe eine kleine Erzählfortsetzung, in der du darstellst, was Paul unternehmen könnte! Diese Aufgabe schreibst du am besten in dein Extraheft.

Entsetzt beobachtete Pia ihren Bruder, der lautlos aus dem Bett gesprungen war und sich nun mit seinen dicken Norwegersocken beschäftigte. Die eine bereits am Fuß, streckte er seiner Schwester voller Überzeugung die zweite entgegen.

„So werden Onkel Ruben und Tante Femke bestimmt nicht hören, wie ich mich an ihr Zimmer heranschleiche.“
„Anschleichen?“ Pias Gesicht nahm panische Züge an. „Was in aller Welt hast du vor? Ich glaube, es ist keine gute Idee, es sich gleich am ersten Abend mit den beiden zu verscherzen.“
Doch schon war auch die zweite Socke übergestreift. Vorsichtig schlich Paul zur Tür. Seine Schwester machte keine Anstalten, ihm zu folgen, wusste aber sehr wohl, dass ein Versuch, ihren Bruder zur Vernunft zu bringen, vergebliche Liebesmüh war. Denn hatte sich Paul erst einmal etwas in den Kopf gesetzt, war er nicht mehr aufzuhalten.
Mit aller Vorsicht schlich Paul die Treppe vom Dachboden hinunter, um wieder ins erste Geschoss zu kommen, wo auch das Schlafzimmer von Ruben und Femke Reimann lag. Mit großem Respekt nahm er die letzte Stufe der alten Holztreppe, wohl wissend, dass ihn bereits das leiseste Knarren verraten würde. Und dann wäre mit Onkel Ruben nicht gut Kirschen essen gewesen.
Der Junge hatte die Schlafzimmertür erreicht und drückte vorsichtig sein linkes Ohr dagegen. Eindeutig, Onkel Ruben und Tante Femke schliefen noch nicht. Jetzt musste Paul nur noch auf sein Glück vertrauen – und tatsächlich sollte es ihn nicht im Stich lassen.
„Ich hoffe nur, das Geschwätz auf dem Marktplatz erweist sich als ein Gerücht“, hörte Paul seine Tante mit besorgter Stimme sagen. „Es wäre bereits der achte Einbruch.“
„Wir werden es spätestens morgen in der Zeitung lesen, Femke“, antwortete ihr Ehemann.
„Du glaubst also, dass es stimmt?“ Femke Reimanns Stimme klang ängstlich.
„Ja, ich denke schon.“
„Dann wäre es sicherlich das Beste, du bringst Pia und Paul gleich morgen zurück zur Fähre.“

Übung 23: Die folgenden Sätze gehören zu einer Erlebniserzählung. Leider sind sie durcheinandergeraten. Versuche sie zu ordnen! Kennzeichne sie dazu mit Ziffern von eins bis acht.

_____ Verzweifelt rief er um Hilfe und strampelte wie wild im Wasser.
_____ Plötzlich kenterte das Floß.
_____ Stolz ließen sie das Floß zu Wasser und fuhren los.
_____ Paul konnte aber nicht schwimmen.
_____ Ein Spaziergänger sprang ins Meer und rettete Paul.
_____ Pia und Paul hatten sich ein Floß gebaut.
_____ Beide fielen ins Wasser, das Floß trieb mit der Strömung davon.
_____ Völlig durchnässt gingen Pia und Paul nach Hause.

„Wie stellst du dir das vor? Adalbert und Katrin müssten vor genau ...“, er blickte auf den großen Wecker auf seinem Nachttisch, „... einer Stunde nach Paris aufgebrochen sein und ...“ – unter Pauls Füßen knarrte der Boden. Er hörte, wie sein Onkel innehielt und aus dem Bett sprang.
Geistesgegenwärtig machte Paul drei schnelle Schritte, um sich hinter der großen, mächtigen Topfpflanze im Flur zu verstecken.
Die Tür wurde aufgerissen und Ruben Reimann stand mit seiner mächtigen Statur im Türrahmen. Hinter ihm hatte Tante Femke die Decke halb über ihr Gesicht gezogen und lugte vorsichtig dahinter hervor. Sie rechnete mit dem Schlimmsten: einem dunkel vermummten Einbrecher, der in seiner Linken einen großen Sack voll Diebesgut trug und in seiner Rechten ein Brecheisen schwang. Doch nichts dergleichen war zu sehen. *Ruben Reimann blieb noch mehrere Minuten stumm stehen und lauschte in die Dunkelheit – darauf gefasst, weitere Geräusche im Erdgeschoss zu hören.* Er

war alles andere als ängstlich und sehr wohl gewillt, den Dieb auf frischer Tat zu fassen. *Vor seinem geistigen Auge sah er schon Norbert Spitz, der ihm gratulierend die Hand gab und ihm unter tosendem Applaus der Dorfbewohner von Nebel einen Scheck mit dem Finderlohn überreichte.* Doch für derartige Jubelszenen hatte er im Moment keine Zeit. Nachdem Ruben nach weiteren Minuten des Wartens noch immer kein Geräusch vernommen hatte, drehte er sich zu seiner zitternden Frau um und meinte nur trocken: „Fehlalarm, Schatz."

Die Tür wurde wieder geschlossen. Hinter der Topfpflanze saß Paul Pfeiffer – in Schweiß gebadet.

Übung 24: Du kannst die Spannung im vorangegangenen Abschnitt noch erhöhen, indem du lange Sätze in mehrere kurze Sätze auflöst. Versuche dies an den vier kursiv gedruckten Satzbeispielen! Schreibe die Aufgabe in dein Extraheft.

ÜBUNG 24 !

Paul hockte nun schon seit fast einer halben Stunde hinter der Topfpflanze. Noch vor wenigen Minuten hatte er seinen Onkel gehört, wie er immer noch beruhigend auf Tante Femke einredete. Doch mittlerweile war aus dem Zimmer kein Laut mehr zu vernehmen. Paul nahm all seinen Mut zusammen und kroch hinter der Topfpflanze hervor. Sein rechter Fuß war eingeschlafen und er musste ihn erst einmal gründlich ausschütteln, um überhaupt wieder ein Gefühl darin zu bekommen, denn so konnte er unmöglich die Treppe hinaufschleichen. Die Gefahr, einen falschen Schritt zu machen und doch noch entdeckt zu werden, war einfach zu groß. Als Paul merkte, dass das Kribbeln endlich nachließ, wollte er seine Mission so schnell wie möglich beenden. Stufe für Stufe erklomm er vorsichtig die Treppe zum Dachboden und atmete erleichtert auf, als er die Tür hinter sich geschlossen hatte.

„Und?“, fragte Pia von hinten. Paul wäre vor Schreck fast in Ohnmacht gefallen – seine Schwester hatte er in der Aufregung ganz vergessen.

„Musst du mich so erschrecken?“, antwortete er schroff. Doch Pia ließ sich nicht abwimmeln. Sie hatte zwar in Ansätzen versucht, ihren Bruder von seinen Dummheiten abzubringen, doch auf seinen Bericht wollte sie trotzdem unter keinen Umständen verzichten. Und Paul ließ es sich nicht nehmen, das Gehörte haarklein wiederzugeben:

„Du siehst, vorläufig besteht keine Gefahr, dass wir die Insel verlassen müssen. Wie gut, dass Ma und Paps bereits nach Frankreich aufgebrochen sind.“

„Was glaubst du, wer steckt hinter den Einbrüchen?“, fragte Pia.

„Nun, ich kenne zwar kaum einen Dorfbewohner. Aber Jonas Falk zählt sicher zu den Hauptverdächtigen. Diesen unheimlichen Kerl werde ich auf jeden Fall genauer unter die Lupe nehmen.“

Paul spürte, dass die kommenden Tage viel Aufregung und Spannung mit sich bringen würden.

Übung 25: Erinnerst du dich noch an drei Eigenschaften, die Jonas Falk für Paul zu einem Hauptverdächtigen machen könnten? Schreibe in ganzen Sätzen!

1. ______________________________

2. ______________________________

3. ______________________________

Pia stand im kleinen Steuerhäuschen des Fischkutters und sah die riesigen Wellen, die bedrohlich auf das Deck zukamen. Allein am großen Steuerrad stehend, versuchte sie mit aller Anstrengung, das

Schiff auf Kurs zu halten. Der Sturm drückte ein Fenster des Steuerhauses ein und Regen, gemischt mit feinen Glassplittern, peitschte ihr ins Gesicht. Der giftgrüne Regenanzug hielt sie immerhin einigermaßen trocken. Aber das Mädchen spürte die eisige Kälte, die ihre fest ans Steuerrad gekrallten Finger steif werden ließ. Dann sah sie die größte aller Wellen auf sich zukommen und wusste, dass es keine Rettung mehr gab. Der Kutter schaukelte stark und Pia wurde hin und her geworfen.

„Aufwachen!“ Paul schüttelte seine Schwester, die irgendetwas von „schwimmen“ und „retten“ gemurmelt hatte. Erst jetzt öffnete die nass geschwitzte Pia ihre Augen.

„Meine Güte, das muss ja ein gigantisches Monster gewesen sein, von dem du da geträumt hast. Oder war es gar Jonas Falk?“ Paul lachte sie an.

„So ähnlich“, knurrte Pia. Ohne ein weiteres Wort zu verlieren, nahm sie ihren Kulturbeutel und wollte sich gerade ein Stockwerk tiefer ins Bad begeben, als sie plötzlich innehielt. „Was treibt dich überhaupt schon so früh aus dem Bett?“, fragte sie ihren Bruder verwundert. Es kam nicht gerade häufig vor, dass Paul früher als sie selbst am Frühstückstisch saß. Der erste Ferientag, kurz vor ihrem Aufbruch nach Amrum, war bereits eine seltene Ausnahme gewesen.

„Weißt du nicht mehr, was ich dir erzählt habe?“ Erst jetzt bemerkte Pia, dass ihr Bruder etwas hinter seinem Rücken verbarg. „Die Zeitung von heute“, grinste Paul stolz, als er sie ihr entgegenstreckte. „Und dreimal darfst du raten, was auf der Titelseite steht.“

Übung 26: Mit der Anspielung auf die Titelseite, die du als Leser noch nicht kennst, erhöht Paul ein weiteres Mal die Spannung. Schreibe auf, wie man dieses Stilmittel nennt!

Pia blickte auf die Titelseite des Amrumer Tageblatts. Die großen Lettern darauf waren nicht zu übersehen. „Acht auf einen Streich!“ titelte die Zeitung reißerisch.
„Halt’ doch mal still!“, forderte das Mädchen ihren Bruder auf, der stolz und mit geschwellter Brust immer wieder auf den Artikel deutete, so, als habe er ihn selbst verfasst. Pia las laut vor:

„Die mysteriöse Serie von Einbrüchen – wie sie die Insel Amrum seit Jahrzehnten nicht erlebt hat – verbreitet nach wie vor Angst und Schrecken. Das achte Opfer, Frau Martha W., wurde in der Nacht von Sonntag auf Montag gegen drei Uhr von einem Geräusch geweckt. Nach eigenen Angaben war sie die Treppe hinuntergeeilt, um nach dem Rechten zu sehen. Unten angekommen, spürte sie nur noch einen dumpfen Schlag auf den Hinterkopf. Auch Polizist Norbert Spitz tappt weiter im Dunkeln und fordert die Bevölkerung von Amrum auf, Augen und Ohren offenzuhalten. ‚Es ist erschreckend, dass der oder die Einbrecher selbst vor alten Damen nicht zurückschrecken und mit roher Gewalt vorgehen‘, so Spitz. ‚Wir sind für jeden sachdienlichen Hinweis dankbar. Frau W. hat zudem eine großzügige Belohnung ausgesetzt.‘ Nach Angaben der Polizei wurden dieses Mal wertvolle Gemälde, Schmuck und eine kostbare chinesische Vase entwendet. Norbert Spitz versicherte auf Nachfrage, alles zu unternehmen, um den Tätern so schnell wie möglich auf die Schliche zu kommen.“

Die ganze Insel war durch die Einbrüche in Aufruhr versetzt worden. Sämtliche Bewohner rätselten, wer der Übeltäter sein könnte. Nur für Paul schien der Fall bereits gelöst zu sein:
„Wenn du mich fragst, steckt da Jonas Falk dahinter. Erinnerst du dich noch an sein Gespräch mit Herrn Salber? Vielleicht stecken die beiden gar unter einer Decke. Wundern würde mich das nicht.“

Übung 27: Erzähle den vorangegangenen Abschnitt in wenigen Sätzen nach! Verwende dabei das Präteritum. Am besten schreibst du die Aufgabe in dein extra Heft.

Mit der Zeitung unter dem Arm rannte Paul erwartungsfroh in die Küche, wo er seinen Onkel lautstark fluchen hörte.
„Dann habe ich mich heute Nacht also doch nicht verhört. Einbruch Nummer neun hat in unserem Hause stattgefunden!“
„Nun beruhige dich doch. Es handelt sich hier schließlich nur um deine Tageszeitung.“ Tante Femke klang fast amüsiert.
„Meint ihr die hier?“ Paul stürmte in die Küche und hielt triumphierend die Zeitung hoch. Wenige Schritte später folgte auch seine Schwester.
„Du warst der Dieb!“ Ruben Reimann strahlte angesichts der Tatsache, dass seine morgendliche Lektüre nun doch nicht ausfallen musste. Gerade wollte er nach der Zeitung greifen, als sein Neffe sie schnell wieder an sich zog.
„Also für mich ist der Fall klar“, führte Paul seine Gedanken mit selbstsicherer Stimme aus. „Wir sollten Jonas Falk und meiner Meinung nach auch Herrn Salber beschatten. Danach streichen wir die Belohnung ein. Und Norbert Spitz wegen Unfähigkeit zu entlassen wäre auch keine schlechte Idee.“
Onkel Ruben verstand nur Bahnhof:
„Beschatten? Belohnung? Entlassen? Jonas Falk ein Dieb? Junge, deine Fantasie scheint wohl gerade mit dir durchzugehen.“ Er riss dem Jungen die Zeitung aus der Hand, um den Artikel über den neuesten Einbruch zu studieren.
Doch so leicht gab Paul nicht auf. Also wartete der Junge, während er sich einen dick mit Erdnussbutter bestrichenen Toast schmecken ließ, bis sein Onkel mit der Lektüre fertig war. Dann ergriff Paul seine Chance:

„Und, was sagst du nun? Die Dinge liegen doch klar und deutlich auf der Hand. Das musst du doch wohl zugeben."

ÜBUNG 28 !

Übung 28: Setze den kursiv gedruckten Abschnitt im vorangegangenen Teil ins Präsens, um die Spannung an dieser Stelle nochmals zu steigern!

Was folgte, war eine gehörige Standpauke, die Ruben Reimann seinem Neffen hielt. Und auf einmal hatte Paul das unangenehme Gefühl, er selbst wäre der Einbrecher, der von Kommissar Reimann gnadenlos verhört wurde.

„Wie kommst du dazu, einfach unschuldige Bürger von Amrum zu verdächtigen, ohne auch nur den klitzekleinsten Beweis zu haben?", schrie Onkel Ruben, während er geräuschvoll seine Kaffeetasse auf dem Tisch absetzte. Pia fürchtete bereits, dass ihre Ferien auf der Nordseeinsel abrupt enden würden.

„Und lass dir eins gesagt sein", schloss Ruben Reimann seine Predigt, „Jonas Falk mag unbestritten ein bisweilen seltsamer Geselle sein. Doch auf ihn ist stets Verlass, und deswegen verbitte ich mir ab sofort sämtliche Gerüchte. Du könntest ja glatt mit Anna Salber in Konkurrenz treten, was dein Getratsche betrifft."

„Salber ist ein gutes Stichwort. Daniel Salber hätte ich als nächsten Hauptverdächtigen angeführt“, wandte Paul ein. Doch Onkel Ruben war mit seiner Geduld am Ende:
„Noch einen Ton und ich setze dich eigenhändig auf die Fähre.“

Übung 29: Setze die folgenden, in Stichwörtern verfassten Handlungsschritte in die richtige Reihenfolge! Kennzeichne sie dazu mit Ziffern von eins bis sechs.

ÜBUNG 29 !

_____ Onkel Ruben und Tante Femke beunruhigt wegen Einbruchserie

_____ Strapaziöse und mysteriöse Überfahrt

_____ Eltern reisen nach Paris, Kinder machen Ferien auf Amrum

_____ Pia und Paul verschulden in Deutschstunde Strafaufsatz für Herbstferien

_____ Paul will Detektiv spielen für spannenden Aufsatz

_____ Standpauke durch Onkel Ruben wegen Verdächtigung Unschuldiger

„Es reicht, Ruben!“, mischte sich Tante Femke ein, und zu Paul gewandt: „Ich kann den alten Falk auch nicht leiden. Aber deswegen muss er ja nicht gleich der erfolgreichste Dieb sein, den Amrum je gesehen hat. Paul, würdest du mir einen Gefallen tun?“
Der eingeschüchterte Junge nickte nur stumm mit dem Kopf. Dermaßen aufgebracht hatte er Onkel Ruben noch nie erlebt. Aus Onkel Rabe war eher Onkel Grizzlybär geworden, der seine mächtigen Tatzen drohend in der Luft kreisen ließ.
„Ich brauche noch eine neue Packung Holundertee. Den gibt es aber nur in der Apotheke. Weißt du, wie du dorthin kommst?“

ÜBUNG 30 !

Übung 30: Schreibe eine möglichst knappe Inhaltsangabe des ersten Teils des Krimis im Präsens in dein Heft! Benutze dazu die geordneten Handlungsschritte aus Übung 29.

Mit einer gehörigen Portion Wut im Bauch, die er am liebsten laut herausgeschrien hätte, stapfte Paul zum alten Schuppen und schnappte sich Onkel Rubens Fahrrad. Niemals hätte der Junge mit einer derart schroffen Reaktion seines Onkels gerechnet. Denn eigentlich war Ruben Reimann dafür bekannt, spannende Ideen aufzugreifen und die Geschichten, die sich dahinter verbargen, mit Freude weiterzuspinnen.

Paul wollte seinen Frust bei der Fahrt ins Zentrum von Nebel abbauen und trat kräftig in die Pedale. Es war ein komischer Anblick, denn der Junge war für das Rad von Onkel Ruben viel zu klein. Und wenn er versuchte, sich richtig auf den Sattel zu setzen, erreichte er

nur noch so gerade eben mit den Fußspitzen die Pedale, weshalb er es vorzog, „im Stehen“ zu radeln. Auf dem Weg ins Dorf waren ihm daher die neugierigen Blicke der Einheimischen sicher. Groß war die Insel Amrum ja nicht. Und als da ein kleiner Junge mit feuerrotem Haar auf einem viel zu großen Fahrrad an ihnen vorbeifuhr, wussten alle, dass das wohl der Neffe von Ruben Reimann sein musste, der die Insel das letzte Mal vor sechs Jahren besucht hatte. Sehr viel größer war Paul seitdem nicht geworden. Das Einzige, was an ihm gewachsen war, war seine rote Mähne, die Paul gern länger trug. Das sehe lässig aus, musste er seinen Eltern immer wieder erklären, wenn diese ihn zum Friseur schicken wollten.
Im Zentrum angekommen, stellte Paul das Rad in einen der vielen Fahrradständer und schloss es ab. Dann hielt er Ausschau nach der Apotheke. Vorbei am Supermarkt und dem „Piraten“, der ältesten Dorfkneipe Amrums, marschierte der Junge über das alte Kopfsteinpflaster bis hin zur Eisdiele. Fragend schaute er sich um – weit und breit keine Apotheke.
„Du kommst nicht von hier, oder?“ Paul erschrak.

Übung 31: Schreibe aus der Sicht eines Einheimischen auf, wie er Paul nach Nebel radeln sah! Benutze für den Bericht das Präteritum. Schreibe die Aufgabe in dein Extraheft.

ÜBUNG 31 !

Schnell drehte er sich um. Sicherlich wieder einer dieser unfreundlichen Bewohner, von denen es auf Amrum scheinbar nur so wimmelte, dachte Paul. Doch vor ihm stand ein Junge, der in etwa so alt sein musste wie Paul selbst, aber einen ganzen Kopf größer war. Er hatte strohblondes Haar, und als er Paul freundlich angrinste, konnte man seine riesengroße Lücke zwischen den beiden Vorderzähnen nicht übersehen. Das war aber nicht das einzig Komische an dem Jungen, fand Paul. Seltsam gekleidet war er auch. Er trug

Gummistiefel, die wohl ein bis zwei Nummern zu groß waren, dazu eine Jeans, übersät mit Flicken, und einen nicht minder großen grünen Parka, aus dessen Ärmeln seine Hände nicht einmal im Ansatz hervorlugten.

Der Junge merkte, wie Paul ihn ein wenig verwirrt musterte, und erklärte schnell:

„Ich komme gerade vom Angeln." Wieder zeigte er dabei seine überdimensionale Zahnlücke.

„Und ich bin Paul Pfeiffer, der Neffe von ..."

„... Ruben Reimann, unserem Museumsleiter", ergänzte der strohblonde Junge. „Ich weiß. Schon viel von dir gehört – nur Gutes natürlich." Und es folgte abermals ein breites Grinsen. „Ich heiße Sven, Sven Weißkopf."

Der Junge streckte Paul die Hand zum Gruß entgegen. Paul wollte sie schütteln, bekam aber nur ein Stück Parka-Ärmel zu greifen. Im ersten Moment schaute Paul recht verdutzt, dann mussten beide schallend lachen.

„Was machst du hier im Ort?", wollte Sven Weißkopf wissen.

„Ich muss für meine Tante in die Apotheke. Du weißt nicht zufällig, wo ich die finde?"

„Zufällig doch", lachte Sven. „Immerhin wohne ich hier. Komm mit, sie ist gleich um die Ecke." Und er führte Paul geradewegs vor das Schaufenster der Apotheke von Amrum.

„Wartest du einen Moment?", fragte Paul, bevor er eintrat.

ÜBUNG 32 !

Übung 32: Auch beim Berichten sind die W-Fragen als Vorarbeit wichtig. Stelle die W-Fragen (Was?, Wer?, Wann?, Wo?, Wie?) zum vorangegangenen Abschnitt!

1. ______________________________

2. ______________________________

3. ____

4. ____

5. ____

Als Paul die Tür der Apotheke öffnete, schrillte ein kleines Glöckchen, um den Besitzer auf neue Kundschaft aufmerksam zu machen. Paul konnte sich nicht vorstellen, dass die Apotheke sonderlich viele kranke Kunden zu betreuen hatte. Abgesehen davon, dass auf Amrum sowieso nicht viel los war, sollte die Seeluft hier ja auch besonders gesund sein. Und so wunderte es Paul auch nicht, dass der Inhalt der Regale eher an eine bessere Drogerie erinnerte als an eine Apotheke. Da gab es Tee in allen Variationen, verschiedene Honigsorten, offenbar aus eigener Herstellung, und so manches Badesalz.

Paul wartete geduldig am Tresen. Nichts tat sich. Aus dem hinteren Teil der Apotheke, der für Kunden nicht zugänglich war, vernahm er plötzlich eine Stimme, die ihm seltsam bekannt vorkam. Doch der sonst so aufgeweckte Junge wusste einfach nicht, wem er das Flüstern, das leise zu ihm vordrang, zuordnen sollte.

„... dann müssen wir uns eben etwas anderes einfallen lassen. Ohne geht es schließlich nicht. Oder weißt du ein besseres Versteck?"

Paul lauschte aufmerksam.

„Der Bescheid aus München ist nun mal da. Das mit der Anmeldung hättest du dir eher überlegen sollen!", sprach die Stimme weiter.

Paul hatte keine Lust mehr, länger zu warten, und räusperte sich laut. Und noch während er dies tat, fiel es ihm wieder ein: Natürlich, sein Onkel hatte ihm den Apotheker doch gestern höchstpersönlich vorgestellt. Wie zur Bestätigung baute sich kein Geringerer als Daniel Salber vor ihm auf:

„Ah, die Landratte.“ Doch dieses Mal hatte Herrn Salbers Stimme einen merkwürdig nervösen Unterton. „Was kann ich für dich tun?“ Paul hatte das Gefühl, dass der Apotheker versuchte, unnatürlich freundlich zu ihm zu sein. Schnell bezahlte er deshalb den Holundertee und verließ eilig den Laden.

ÜBUNG 33 !

Übung 33: Beantworte die zwei folgenden W-Fragen!

1. Warum fand Paul die Stimme, die er aus dem hinteren Teil der Apotheke hörte, seltsam?

___

___

2. Welche Folge hatte es, dass Paul den Apotheker als unnatürlich freundlich empfand?

___

___

„Auch eins?“ Als Paul aus der Apotheke gestürzt kam, streckte Sven Weißkopf ihm seine Hand entgegen, auf der ein Hustenbonbon lag. Hastig griff Paul nach dem Bonbon und ließ es in seinen Mund gleiten.

„Was für ein Gespenst ist dir denn über den Weg gelaufen?“, fragte Sven neugierig.

„Kein Gespenst, ein Salber.“ Paul verzog das Gesicht.

„Ja, ein komischer Kauz, dieser Salber“, antwortete Sven herzlich lachend. „Und seine Frau Anna ist nicht weniger seltsam. Übrigens, zu deiner Beruhigung, die Hustenpastillen sind nicht aus der Apotheke, sondern aus eigener Herstellung. Meine Oma macht sie nach einem alten Hausrezept. Du brauchst also nicht zu befürchten, dass sie vergiftet sind", grinste Sven. Doch unmittelbar darauf verfinsterte sich sein Gesicht. „Arme Oma. Die haben ihr gerade ihre Lieblingsvase geklaut. Echtes chinesisches Porzellan, musst du wissen", sagte Sven mit bedeutender Miene, „und ein paar ihrer wertvollsten Gemälde dazu."

Auf einmal dämmerte es Paul. Er erinnerte sich an den Zeitungsbericht und natürlich auch an den Wutausbruch, den Onkel Ruben bekommen hatte. Aber entscheidend war in diesem Moment nicht Onkel Grizzlybär, sondern der Artikel über die Einbrüche im „Amrumer Tageblatt". Da hatte doch etwas von einer Martha W. gestanden.

„Deine Oma heißt nicht zufällig Martha?", fragte Paul. Verblüfft schaute Sven ihn an. Dem Jungen mit dem ansonsten so flinken Mundwerk hatte es angesichts der Kombinationsgabe von Paul kurzzeitig die Sprache verschlagen.

„Wie bist du denn darauf gekommen? Kennst du sie etwa?", wollte Sven nach einer kurzen Pause wissen.

„Nur indirekt", antwortete Paul geheimnisvoll, und dieses Mal war er es, der grinsend seine Zähne zeigte. „Man kann ihr Schicksal ja gewissermaßen nachlesen."

Und jetzt wusste auch Sven, wovon Paul sprach, denn den Zeitungsartikel hatte selbstverständlich auch er gelesen.

Übung 34: Verfasse einen kurzen Bericht über das Gespräch zwischen Paul und Sven im vorangegangenen Abschnitt! Schreibe die Aufgabe in dein Extraheft.

ÜBUNG 34 !

„Begleitest du mich noch ein Stück?", wollte Paul wissen, als er Onkel Rubens Rad aufschloss.

„Geht klar. Wir haben sowieso denselben Weg", nickte Sven. „Moment, mein Rad steht da vorn."

Als die beiden ein paar Minuten später das Zentrum von Nebel verließen, entschloss sich Paul, Sven von seiner Theorie über die Einbrüche von Amrum zu erzählen, die er nach den Vorkommnissen in der Apotheke nur noch bekräftigt sah.

„Und du glaubst wirklich, Daniel Salber hat etwas mit dem Einbruch bei meiner Oma zu tun?“ Sven schaute ihn verblüfft an.

„Ja, irgendwie werde ich den Verdacht nicht los. Und Jonas Falk steckt da auch mit drin.“ Paul überlegte kurz. Auf einmal hatte er das Gefühl, dass ihm Sven – besonders als Einheimischer – noch eine große Hilfe sein würde. „Was hältst du davon, wenn wir gemeinsam ein paar Nachforschungen anstellen?“, fragte er den blonden Jungen.

„Ich bin dabei! Meine Oma würde Freudensprünge machen, wenn sie ihre Lieblingsvase zurückbekäme.“ Sven war sofort Feuer und Flamme.

„Aber …“, begann Paul mit strenger Stimme, „… mein Onkel darf unter keinen Umständen Wind von der Sache bekommen. Dass wir uns wegen der Einbrüche ein wenig auf Amrum umhören, muss unbedingt unter uns bleiben. Oder besser gesagt, unter uns dreien. Ich habe nämlich noch eine Zwillingsschwester.“

„Echt?“ Sven war so verblüfft, dass er beinahe das Schlagloch auf der Straße übersehen hätte. Erst im letzten Moment konnte er den Lenker herumreißen und doch noch ausweichen. „Es trifft sich übrigens sehr gut, dass ich dich ausgerechnet heute kennenlerne“, meinte der Blondschopf. „Ich wollte nämlich morgen zelten gehen. Wenn ihr Lust habt, mitzumachen – kommt doch einfach so um zwei Uhr nachmittags vorbei. Dann wären wir ganz unter uns und niemand von den langweiligen Erwachsenen könnte uns stören.“

Paul hielt das für eine prächtige Idee.

„Abgemacht!“, rief er Sven noch zu, als sich ihre Wege an einer Kreuzung trennten. „Bis morgen dann.“

Übung 35: Für genaues Berichten sind konkrete Zeitangaben unerlässlich. Nenne die acht Zeitangaben im vorangegangenen Abschnitt!

1. ____________________ 2. ____________________

3. ____________________ 4. ____________________

5. ____________________ 6. ____________________

7. ____________________ 8. ____________________

Während Paul sein unverhofftes Wiedersehen mit Daniel Salber hatte, durfte Pia ihrer Tante in der Galerie zur Hand gehen. Femke Reimann war eine leidenschaftliche Malerin und hatte deshalb extra einen Anbau zu ihrem Atelier mit privater Galerie umfunktioniert. Von Ordnung konnte an diesem Ort allerdings keine Rede sein, denn überall lagen Pinsel und Farbeimer herum, fertige Gemälde waren ebenso an die Wände gelehnt wie leere Leinwände.

Es kam nicht oft vor, dass Femke Reimann jemanden in ihren heiligsten Raum ließ. Selbst ihr Mann kam nur höchst selten in den Genuss. Und wenn er seine Frau beispielsweise zum Essen holen wollte, handelte er sich nicht selten einen Rausschmiss ein. Selbst potenzielle Kunden, die Interesse an einem von Tante Femkes Bildern hatten, bekamen nur auf Anmeldung Zutritt zur Galerie. Da war Femke Reimann eigen.

Deshalb hatte es Pia auch eher als Ehre denn als Strafarbeit verstanden, als ihre Tante sie gefragt hatte, ob sie nicht ein wenig beim Aufräumen im Atelier helfen wolle.

Sie ordneten gerade die fertigen Gemälde, als eine dritte Person den Raum betrat.

„Grüß dich, Femke", schallte es durch die Galerie.

Pia und Frau Reimann drehten sich erstaunt um. Vor ihnen stand Norbert Spitz, der Dorfpolizist. Obwohl er ein wichtiges Gesicht machte, nahm man ihm seine Ernsthaftigkeit nur sehr schwer ab.

„Scher dich hier raus!" Tante Femke reagierte wie immer sehr allergisch, als sie bemerkt hatte, dass jemand Unbefugtes ihr Heiligtum betreten hatte.

ÜBUNG 36 !

Übung 36: Schreibe auf, welche Textart am Anfang des vorangegangenen Abschnitts (Anbau/Atelier) in die Erzählung eingebettet ist!

Obwohl Norbert Spitz ob der barschen Worte Femke Reimanns leicht zusammenzuckte, wich er nicht von der Stelle.

„Ein bisschen mehr Respekt, wenn ich bitten darf", stammelte er. „Ich bin schließlich dienstlich hier."

„Hast du einen Durchsuchungsbefehl?", blaffte ihn Pias Tante genervt an. Sie wusste genau, dass sie dem armen Norbert Unrecht tat. Aber er hatte ihre Galerie ohne Aufforderung betreten, und das ging entschieden zu weit.

„Nun beruhige dich doch!“ Der Polizist versuchte, seiner Stimme einen sanften Unterton zu verleihen, der ihn aber nur noch bedauernswerter erscheinen ließ. Schließlich bekam Tante Femke Mitleid mit ihm.

„Also gut, erzähl’, was es zu erzählen gibt. Aber in unserer Küche!“ Ohne ein weiteres Wort verließ Femke Reimann das Atelier und Pia und Norbert Spitz folgten ihr.

In der Küche angekommen, war Pias Tante dann schon sichtlich entspannter. „Einen Kaffee? Der Holundertee ist leider aus. Mein Neffe besorgt gerade welchen. Er müsste eigentlich jeden Moment zurück sein.“

„Nein, danke“, entgegnete der Polizist. „Also, die Sache ist die: Es gab schon wieder einen Einbruch – heute Morgen in aller Frühe. Man hat drei wertvolle Gemälde aus Professor Hansens Haus gestohlen.“ Tante Femkes Miene verfinsterte sich.

„Hört das denn nie auf? Und weshalb bist du bei mir? Bin ich etwa verdächtig? Noch male ich meine Bilder selbst.“

„Nein, selbstverständlich bist du nicht verdächtig. Ich wollte dir eigentlich nur raten, besonders achtzugeben. Die Diebe scheinen es ja ganz offensichtlich auf Gemälde abgesehen zu haben. Und da habe ich an deine Galerie gedacht.“

„Danke für die Blumen. Aber glaub mir, Ruben ist der beste Wachhund, den man sich wünschen kann.“

Übung 37: Schreibe auf, mit welchen Adjektiven die Personen im vorangegangenen Abschnitt beschrieben werden!

1. Norbert Spitz: ______________________________

2. Tante Femke: ______________________________

Nachdem Norbert Spitz das Haus der Reimanns verlassen hatte – nicht ohne Tante Femke noch einmal darauf hinzuweisen, ganz besonders aufzupassen und ihm sofort alles Ungewöhnliche zu melden –, war Pias Tante gar nicht mehr entspannt. Eigentlich mochte sie keinen Kaffee. Doch weil Paul nach wie vor mit dem Tee auf sich warten ließ, saß sie jetzt am Küchentisch und rührte schon geschlagene zwei Minuten mit ihrem Löffel in der Tasse mit dem frisch gebrühten Getränk. Pia merkte, dass ihre Tante nervös war, und ergriff das Wort:
„Mach dir um uns keine Gedanken, Tantchen. Und natürlich auch nicht um deine Bilder. Norbert Spitz wird den Tätern sicher schon bald auf die Spur kommen, und dann hat der Spuk ein Ende."
„Ich hoffe es, Pia, ich hoffe es. Langsam wird diese Geschichte mit den Einbrüchen unheimlich. Und die Diebe scheinen immer schneller voranzukommen. Wenn das so weitergeht, haben die bis Weihnachten ganz Amrum ausgeraubt."
„Wer hat was ausgeraubt?" Schnaufend kam Paul in die Küche gestapft. „Hier ist dein Tee, Tante Femke. Holunder, wie bestellt. Und dass der nette Herr Salber der Apothekenbesitzer ist, hat mich besonders gefreut."
Als Paul den Namen des Apothekers erwähnte, schreckte Pia auf. Sie wunderte sich allerdings, weshalb Paul trotz des abermaligen Wiedersehens mit Herrn Salber so guter Dinge war. Als könnte ihr Zwillingsbruder Gedanken lesen, hatte er die Antwort parat:
„Ich habe übrigens einen netten Jungen kennengelernt. Er heißt Sven und hat Pia und mich für morgen zum Zelten eingeladen."
„Sven – das ist doch der Enkel von der alten Martha, oder? Seine Eltern sind vor einigen Jahren bei einem Autounfall tödlich verunglückt. Schlimme Sache. Seitdem kümmert sich seine Oma, die treue Seele, rührend um den Jungen, auch wenn er mir bisweilen etwas vorlaut vorkommt."

„Das bedeutet jetzt aber nicht, dass wir nicht mit ihm zelten dürfen, oder?“, fragte Paul keck.

Übung 38: Schreibe auf, welche vier Aussagen im vorangegangenen Abschnitt Tante Femke besonders genau beschreiben.

ÜBUNG 38 !

1. ______________________________

2. ______________________________

3. ______________________________

4. ______________________________

„Eigentlich wollte ich euch morgen mit zum Angeln nehmen“, stellte Ruben Reimann am Abend enttäuscht fest, als er von den Plänen der Kinder hörte. „Und außerdem hat sich Hendrik Braun zum Frühstück angemeldet.“
„Echt?“ Pias Augen vergrößerten sich. „Kommt die kleine, süße Britta auch mit?“ Britta war Hendrik Brauns Tochter. Und schon als Pia das letzte Mal ihre Tante und ihren Onkel besucht hatte, war Britta ihre liebste Freizeitbeschäftigung gewesen. Damals war Britta gerade ein Jahr alt gewesen und hatte noch nicht einmal laufen können. Britta Braun durfte getrost als der Sonnenschein von Amrum bezeichnet werden. Wo immer sie auftauchte, hatten die Einwohner stets eine Süßigkeit zum Naschen für das kleine Mädchen parat, das so drollig strahlen konnte, dass einem das Herz aufging.
„Süß ja, aber so klein ist Britta gar nicht mehr. Du vergisst, Pia, mittlerweile sind sechs Jahre ins Land gegangen und Britta ist nun schon fast eine kleine Dame.“ Onkel Ruben grinste. „Na gut, sei's drum. Wir frühstücken morgen mit den Brauns zusammen und dann seid ihr erlöst. Aber nur unter einer Bedingung: Ihr zeltet im Garten von Frau Weißkopf.“

Ganz wohl war Onkel Ruben nicht bei der Sache mit dem Zelten, doch da die alte Martha nun schon einmal bestohlen worden war, hielt er es für unwahrscheinlich, dass die Diebe ihr noch einmal einen Besuch abstatteten. Und insgeheim fasste er den Plan, Norbert Spitz zu bitten, bei seiner nächtlichen Streife doch des Öfteren einen Blick auf das Grundstück der Weißkopfs zu werfen.

Tante Femke konnte den Gedanken ihres Mannes nicht so recht folgen und blickte ihn voller Unverständnis an.

„Hältst du das wirklich für eine gute Idee?“

Aber Onkel Ruben entgegnete ihr nur:

„Wir können die Kinder ja schlecht in ihren Ferien einschließen.“

Das schlechte Gewissen plagte den warmherzigen Mann. Er fragte sich noch immer, warum er seinen Neffen am Vormittag bloß so angeschrien hatte.

! ÜBUNG 39

Übung 39: Suche aus dem vorangegangenen Abschnitt Stichwörter für eine Personenbeschreibung von Britta heraus und schreibe sie auf!

Da Paul nichts von den Gewissensbissen seines Onkels ahnte, wunderte er sich umso mehr über so viel Verständnis. Und um Ruben unter keinen Umständen noch einmal zu reizen, hatte es Paul auch besonders eilig, sich nach dem Abendessen in sein Zim-

mer zurückzuziehen. Damit seine Tante und sein Onkel keinen Verdacht schöpften, erklärte er:
„Morgen wird sicher ein anstrengender Tag, und wer weiß, wie viel oder auch wenig Schlaf wir beim Zelten bekommen.“ Tante Femke und Onkel Ruben schienen dies einzusehen und wunderten sich deshalb auch nicht, als Paul drängelte: „Kommst du auch, Pia?“ Seine Zwillingsschwester hatte den Braten natürlich längst gerochen. Und weil sie noch mehr über Sven erfahren wollte, drückte sie Tante Femke noch schnell einen Kuss auf die Wange und folgte ihrem Bruder eilig die Holztreppe hinauf auf den Dachboden.
„Jetzt erzähl’ schon!“, forderte sie Paul auf, der ihre Ungeduld mit einem Lächeln quittierte. Endlich genoss auch Pia die Ferien und hatte nicht nur Schule und Hausaufgaben im Kopf. Die Inselluft schien ihr gut zu bekommen. Dann erzählte Paul seiner Schwester von der Begegnung mit Sven Weißkopf, von seinem Wiedersehen mit Daniel Salber und dem rätselhaften Gespräch, das er belauscht hatte. Schließlich berichtete er noch von dem Pakt, den Sven und er mit dem Ziel geschlossen hatten, den Einbrechern auf die Schliche zu kommen.
„Du gibst wohl nie auf!“ Doch ihre Empörung klang zaghaft. Irgendwie fand auch sie es spannend, einer Bande von Einbrechern auf der Spur zu sein. Und die Tatsache, dass sie nun einen Dritten im Bunde hatten – noch dazu einen Einheimischen, der sich auskannte, wenn es einmal brenzlig werden würde –, stimmte Pia milde. „Also gut, ich bin einverstanden. Dann halten wir also morgen Abend im Zelt unser erstes Treffen ab.“

Übung 40: Im vorangegangenen Abschnitt erzählt Paul seiner Schwester von seiner Begegnung mit Sven, von dem Wiedersehen mit Daniel Salber und dem rätselhaften Gespräch, das er belauscht hatte. Gib seine Erzählung in deinem Heft wieder!

Nachdem Pia und Paul die Flucht ergriffen hatten, um möglichst ungestört ihre weiteren Pläne zu besprechen, war an Schlaf nicht mehr zu denken. Paul war erleichtert, dass Pia mit seinen Plänen einverstanden war. Damit war bei dem ansonsten so pflichtbewussten Mädchen nicht unbedingt zu rechnen gewesen. Er hatte sich schon voller Schrecken ausgemalt, wie Pia ihrem Onkel den wahren Grund ihres Zeltens mit Sven verraten und alles verderben würde. Doch die Tatsache, noch immer keine gute Idee für den Deutschaufsatz zu haben, stimmte sie anscheinend äußerst milde.

Die Zwillinge lagen in ihren Betten. Pia hatte die Decke bis ans Kinn gezogen und spielte nervös an einem der vier Zipfel. Ein wenig bereute sie ihren Entschluss schon, denn dieses Unternehmen würde nicht ganz ungefährlich werden. Was, wenn sie den Einbrechern direkt in die Arme laufen würden? Was, wenn sie gar entführt und auf einem schrecklich schaukelnden Schiff festgehalten werden würden? Sie schauderte. Krampfhaft versuchte sie, an etwas Schöneres zu denken. Doch ihre Gedanken wanderten von Daniel Salber über vermummte Piraten zu meterhohen Nordseewellen, die die ganze Insel Amrum zu begraben drohten.

„Was ist denn das?“ Paul stieß einen leisen Pfiff aus und sprang aus seinem Bett. Barfuß schlich er zur runden Luke des Dachbodens. Da war es schon wieder, dieses Aufblitzen eines Lichtes. Dann erneut drei Blitze, doch dieses Mal deutlich länger. Der Junge rieb sich verwundert die Augen. Und da! Noch einmal drei Blitze in der dunklen Inselnacht, jetzt aber ganz kurz hintereinander.
„Pia, da draußen sind Lichter!“ Paul erschrak. „Glaubst du, dass die etwas mit unseren Einbrüchen zu tun haben?“
„Ich glaube“, unkte Pia, die froh war, endlich abgelenkt zu werden, „deine Fantasie geht nun endgültig mit dir durch.“

Übung 41: Schreibe in Stichworten auf, an welchen zwei Stellen im vorigen Abschnitt die Spannung schrittweise erhöht wird!

„Hast du schon mal etwas von Leuchttürmen gehört? Zufällig steht auch einer auf Amrum." Lässig streckte sich Pia aus und gähnte. Doch ihr Bruder forderte sie auf, an die Luke zu treten:

„Nun komm endlich, da sind sie schon wieder!" Nein, das war gewiss kein Leuchtturm. Während Pia also bemüht war, sich aus ihrem Bett zu raffen, erklärte ihr Bruder aufgeregt, dass sich der Leuchtturm doch auf der entgegengesetzten Seite der Insel befinden würde. „Du musst dich irren, Pia. Das hier ist etwas anderes."

Seine Schwester gesellte sich an seine Seite. Da waren sie wieder, die Blitze. Jetzt sah das Mädchen sie auch: drei kurze, drei lange und wiederum drei kurze.

„Das ist ja seltsam. Vielleicht ein Nordlicht." Pia versuchte noch immer, eine vernünftige Erklärung zu finden.

„Das ist kein Nordlicht, das sind Morsezeichen!", rief Paul aus, während er hektisch nach seinen dicken Norwegersocken griff.

„Oje, du willst doch nicht etwa schon wieder ..."

Doch Paul hatte die Tür bereits leise geöffnet. Hilflos musste das Mädchen mit ansehen, wie ihr Bruder die Treppe hinunterschlich. Kurz hörte sie ein leises Knacken, dann wurde es still. Pia fühlte sich immer unwohler. Sie machte sich Sorgen, was Paul nun schon wieder ausheckte. Am Ende trieb er es so weit, dass Onkel Ruben ihn ertappte und ihnen das Zelten mit Sven verbot. Und dann würde sie den Jungen mit den strohblonden Haaren, den sie bislang nur aus Pauls Erzählungen kannte, nie kennenlernen. Pias Gefühle wechselten zwischen Wut, Spannung und Übelkeit. Um sich zu beruhigen, setzte sie sich auf die Bettkante. Pia hatte nur eine Wahl: Sie musste warten, bis Paul zurückkam.

ÜBUNG 42 !

Übung 42: Schreibe auf, warum Pia sofort erkennt, was Paul vorhat, als dieser nach seinen Norwegersocken greift!

____

____

____

____

Während Pia nichts anderes übrig blieb, als auf Pauls Rückkehr zu warten, fand dieser mittlerweile fast Gefallen daran, des Nachts durch das Haus von Onkel Ruben und Tante Femke zu schleichen. Doch dieses Mal führte ihn sein Weg nicht vor die Schlafzimmertür der beiden, sondern ins Erdgeschoss, wo sich auch Herrn Reimanns Arbeitszimmer befand. Hier bewahrte Onkel Ruben seine beruflichen Habseligkeiten auf. Und das waren in diesem Fall eine Unmenge an Fachliteratur über Ornithologie, Geschichtsbücher über die Insel Amrum und allerlei alte Schinken über die Seefahrt. Und genau dort wollte Paul suchen.

Als er die erste Etage passierte, dachte er einen Moment lang, einen Laut aus dem Schlafzimmer seines Onkels und seiner Tante gehört zu haben. Er erschrak. Hoffentlich tauchte jetzt nicht wieder Onkel Ruben im Türrahmen auf! Das hätte ihm gerade noch gefehlt. Doch bei diesem einen Laut blieb es. Im Haus herrschte eine solche Stille, dass Paul seinen Herzschlag hören konnte.

Jetzt schlich er sich so schnell wie möglich ins Erdgeschoss. Ein Griff an die schwere Metallklinke des Arbeitszimmers verriet Paul, dass Onkel Ruben den Raum nicht verschlossen hatte. Erleichtert atmete er auf und glitt wieselflink hinein.

Um nicht entdeckt zu werden, vermied Paul, die Lampe anzuknipsen, und tapste daher im fahlen Licht des Mondes an den mächtigen Bücherregalen entlang. Langsam gewöhnten sich seine Augen an die Dunkelheit. Neugierig suchte er die Buchrücken nach einem bestimmten Titel ab. Und dann hatte er den staubigen Wälzer gefunden.

Übung 43: Übe nochmals das Erhöhen von Spannung in einer Erzählung durch den Wechsel zum Tempus Präsens anhand der letzten vier kursiv gesetzten Sätzen des vorangegangenen Abschnitts!

____

____

Es war viel zu dunkel in Onkel Rubens Arbeitszimmer, um das Buch tatsächlich lesen zu können. Und Paul nahm natürlich auch keine Lampe zur Hilfe, die ihn hätte verraten können. Er sah in Gedanken schon Norbert Spitz vor sich stehen, der das umherirrende Licht im Hause der Reimanns auf einer seiner Patrouillen entdeckt hatte. Das würde eine peinliche Szene abgeben: Norbert, der Angsthase, mit zittriger Hand am Revolver, und Paul, wesentlich mutiger, freilich ohne Diebesgut, aber mit einem alten staubigen Buch unter dem Arm. Und schließlich eine völlig hysterische Tante Femke und ein polternder Onkel Ruben, der mit zwei Rückfahrttickets für die Fähre wedelte.

Also ließ Paul das Buch, nach dem er gesucht hatte, unter seinem Schlafanzug verschwinden und schlich sich wieder zurück ins Dachgeschoss. Er war erleichtert, dass sein heimlicher Ausflug unbemerkt geblieben war, da sich Onkel Ruben und Tante Femke offensichtlich bereits im Land der Träume befanden.

Als Paul die Tür des Schlafzimmers wieder leise hinter sich geschlossen hatte, versuchte Pia, ihn zur Rede zu stellen:

„Sag mal, bist du jetzt total übergeschnappt?“ Doch Paul grinste nur stolz und holte das alte Buch zum Vorschein. Mit aller Kraft pustete er den Staub von den vergilbten Seiten.

„Genau danach habe ich gesucht.“ Der Junge begann hastig in dem Buch zu blättern, bis er schließlich die richtige Stelle gefunden hatte.

„Was ist los?“, fragte Pia nervös.

„Die Lichter, die wir gerade gesehen haben, waren Morsezeichen." Paul hielt einen Moment inne und zeigte Pia das Buch. „Und genau diese Morsezeichen bedeuten ‚SOS'!"

Übung 44: Fasse den letzten Abschnitt in höchstens vier Sätzen als kurze Inhaltsangabe zusammen! Schreibe im Tempus Präsens.

____

____

____

____

____

____

Es dauerte noch ziemlich lange, bis die Zwillinge endlich eingeschlafen waren. Doch es war ein unruhiger, von Albträumen begleiteter Schlaf. Über eine Sache waren sich Pia und Paul allerdings noch einig geworden, bevor sie eingeschlummert waren: dass sie unbedingt Sven zurate ziehen mussten. Vielleicht wusste er mehr über diese mysteriösen Morsezeichen. Ganz sicher hatte er zumindest einen Verdacht, schließlich wohnte er auf der Insel.

Am Frühstückstisch herrschte betretenes Schweigen. Onkel Ruben studierte das Amrumer Tageblatt, das aber nichts Neues zu bieten hatte. Denn von dem neunten Einbruch hatte Ruben Reimann bereits am vergangenen Abend von seiner Frau erfahren.
„Immer diese reißerischen Schlagzeilen!", schimpfte er.
Pia und Paul antworteten nicht und löffelten nur lustlos in ihrem Müsli herum. Ruben Reimann schien das zu entgehen. Doch Tan-

te Femke hatte das Schweigen der Zwillinge schon längst als ungewöhnlich eingestuft:
„Was für eine Laus ist euch denn über die Leber gelaufen? Habt ihr etwa Heimweh? Pia, freust du dich denn gar nicht, Britta wiederzusehen?“
Die Aussicht, die kleine Britta zu treffen, heiterte Pias Laune ein wenig auf. Dass Britta Braun und ihr Vater Hendrik zu ihnen zum Frühstück kommen wollten, hatte sie ganz vergessen. Und da schellte es auch schon an der Tür. Onkel Ruben stand auf und schlurfte in den Flur.
Doch es dauerte eine Weile, bis er wiederkam. Femke, Paul und Pia hörten im Flur die aufgebrachte Stimme Hendrik Brauns. Dann vernahmen sie Onkel Ruben, der anscheinend versuchte, beruhigend auf sein Gegenüber einzuwirken. Schließlich kehrte Onkel Ruben mit Hendrik Braun zurück in die Küche. Die Gesichter der beiden waren leichenblass. Femke sah sie irritiert an. Doch noch ehe sie etwas sagen konnte, krächzte Hendrik Braun:
„Britta ist spurlos verschwunden!“

ÜBUNG 45 !

Übung 45: Beschreibe das Verhalten der Personen am Frühstückstisch mit jeweils einem Satz!

Pia und Paul: ______________________________

____

Onkel Ruben: ______________________________

____

Tante Femke: ______________________________

____

Völlig aufgelöst kauerte Hendrik Braun neben Tante Femke am Küchentisch und stammelte mehr oder weniger unzusammenhängende Sätze:

„Und dann war sie weg. Heute Morgen. Ich wollte sie wecken. Ihr Müsliriegel für die Schule lag doch auch schon bereit."

Pia und Paul saßen ebenfalls am Tisch und wussten nicht so recht, was sie sagen sollten. Ruben Reimann ging in der Küche auf und ab und strich sich nachdenklich mit seiner Hand durch die struppigen Haare. Und am Kachelofen stand schließlich Norbert Spitz, der Dorfpolizist, der von Onkel Ruben benachrichtigt worden war. Die Einzige, die sich nicht in der Küche der Reimanns aufhielt, obwohl sie dort eigentlich hätte sein sollen, war Britta Braun, der Sonnenschein von Amrum. Pia bekam bei dem Gedanken eine Gänsehaut.

„Versuche noch einmal ganz genau, dich zu erinnern!", forderte Norbert Spitz Herrn Braun auf. „Hast du nicht vielleicht doch ein seltsames Geräusch gehört oder sonst irgendetwas bemerkt, das dir komisch vorgekommen wäre?"

Hendrik Braun schüttelte nur stumm den Kopf und eine dicke Träne rollte ihm über die Wange.

„Entschuldige, Onkel", räusperte sich jetzt Paul mit einem Blick auf die Uhr. Es war bereits halb zwei und Paul hatte Angst, dass Sven nicht auf die Zwillinge warten würde, sollten sie nicht rechtzeitig bei ihm auftauchen.

Übung 46: Kreuze an! Wenn Hendrik Braun die Frage von Norbert Spitz hätte beantworten können, wäre das ein(e) … gewesen:

- ☐ Erzählung
- ☐ Nacherzählung
- ☐ Brief
- ☐ Inhaltsangabe
- ☐ Bericht
- ☐ Beschreibung

„Das finde ich nun aber gehörig taktlos!“, protestierte Tante Femke. „Euer Freund wird doch wohl noch einen Moment warten können.“

„Lass sie nur, Femke“, fiel ihr der Vater der verschwundenen Britta ins Wort. „Sie können doch auch nichts tun.“

Von wegen, dachte Paul, aber er sprach es nicht aus. Stattdessen mischte sich Norbert Spitz in das Gespräch ein:

„Ich werde die beiden zu den Weißkopfs bringen“, meinte er wichtigtuerisch. „Ich wollte dort sowieso noch einmal nachfragen, ob alles in Ordnung ist.“

„Und du weißt Bescheid“, flüsterte Onkel Ruben dem Dorfpolizisten noch schnell im Vorbeigehen zu. Paul sah, wie sich die Blicke von Ruben Reimann und Norbert Spitz trafen, konnte sich allerdings keinen Reim darauf machen.

Stumm zwinkerte Spitz zurück und verließ die Küche. Paul und Pia schnappten sich ihre Rucksäcke, die sie im Flur abgestellt hatten, und folgten ihm zur Haustür.

„Und lass den Kopf nicht hängen“, flüsterte Pia als Abschiedsgruß Hendrik Braun zu. Sie hatte seine kleine Tochter sehr ins Herz geschlossen und wäre am liebsten in der Reimann’schen Küche geblieben, um Trost zu spenden. Doch dann würde sie bei den Ermittlungen fehlen. Und das Verschwinden der kleinen Britta machte sie so wütend, dass sie unbedingt bei der Aufklärung des Falles helfen wollte. Denn in einem waren sich Paul und Pia einig: Die Raubzüge durch Amrum und die Entführung von Britta Braun mussten in einem engen Zusammenhang stehen. Das konnte unmöglich ein Zufall sein.

„Steigt ein“, forderte Norbert Spitz Pia und Paul auf. Verblüfft schauten die Zwillinge auf den Polizeiwagen. Bisher hatten sie Norbert nur mit dem Fahrrad fahren sehen. „Jetzt geht es zu den Weißkopfs.“ Und kurz darauf verließ das grüne Auto den Hof.

Übung 47: Schreibe jeweils vier Begriffe auf, mit deren Hilfe sich die folgenden Gegenstände genau beschreiben lassen!

Rucksack: ____

____

Küche: ____

____

Polizeiwagen: ____

____

Fahrrad: ____

____

Während Norbert Spitz Pia und Paul quer über Amrum chauffierte, genoss er sichtlich die neugierigen Blicke der Inselbewohner. Die Nachricht vom Verschwinden der kleinen Britta hatte sich anscheinend längst wie ein Lauffeuer verbreitet. Als das Polizeiauto die Apotheke passierte, konnte Paul beobachten, wie Daniel Salber wild gestikulierend mit einem extrem großen Mann mit flachsblondem Haar sprach. Nur allzu gern hätte Paul mitangehört, was die beiden sich zu sagen hatten. Aus dem Augenwinkel konnte er gerade noch sehen, wie auch Anna Salber vom Fisch- und Käsestand zu den beiden herüberlief – dann waren die drei aus seinem Blickfeld verschwunden.

„Wer war das denn?“, fragte Paul. Doch Norbert Spitz antwortete nicht und konzentrierte sich weiter auf den Straßenverkehr. Als er den Polizeiwagen endlich auf das Anwesen der Weißkopfs fuhr, waren Pia und Paul beim Anblick der stattlichen Villa doch ein wenig erstaunt.

„Und das ist Pia", stellte Paul seine Schwester vor. Sven und Pia reichten sich die Hand, woraufhin Pia ein klein wenig rot anlief – glücklicherweise ohne dass ihr Bruder es bemerkte. Sven zeigte ihr daraufhin sein breitestes Grinsen, sodass auch seine charmante Zahnlücke zu sehen war.

„Kommt, ich zeige euch mein Zimmer", sagte Sven zu den Zwillingen – und zu seiner Großmutter gewandt: „Oma, wir sind gleich wieder da." Dies hielt Norbert Spitz offenbar für den geeigneten Moment, um mit erhabener Stimme zu fragen:

„Frau Weißkopf, ist alles in Ordnung bei Ihnen? Ist Ihnen in der Zwischenzeit vielleicht doch noch etwas eingefallen?"

„Nein, ist es nicht, junger Mann. Und ehrlich gesagt habe ich auch gedacht, dass Sie den Fall längst gelöst hätten. Und nun entschuldigen Sie mich bitte. Ich habe Gäste." Mit diesen Worten ließ Martha Weißkopf den verdatterten Polizisten einfach stehen.

ÜBUNG 48 !

Übung 48: Finde nochmals je vier Begriffe für eine genaue Gegenstandsbeschreibung und notiere sie hier!

Apotheke: ______________________________

____

Fisch- und Käsestand: ______________________________

____

Villa: ______________________________

____

Zunächst erzählten die Zwillinge Sven die Geschichte von Britta Braun. Dann berichteten sie auch von ihren Beobachtungen, die sie letzte Nacht gemacht hatten. Paul holte das alte Buch von

Onkel Ruben hervor und zeigte Sven die Morsezeichen, die eindeutig „SOS“ ergaben. Sven lauschte erstaunt, während Pia den flachsblonden Jungen beobachtete.
„Vielleicht hast du mit deinen Vermutungen gar nicht so unrecht“, meinte Sven, als Paul mit seinen Schilderungen fertig war.
„Wie meinst du das?“, wollte Pia wissen.
„Nun, so wie Paul es beschreibt, kommen wegen des Blitzlichtgewitters tatsächlich die Salbers infrage. Ihr Haus liegt genau in Blickrichtung eurer Dachluke.“ Er deutete dabei auf einen großen Stadtplan Amrums, der über seinem Schreibtisch an der Zimmerwand angepinnt war. „Es gibt aber natürlich noch andere Möglichkeiten. Zum Beispiel könnte es auch Jesper Krok gewesen sein, der euch mit seiner Taschenlampe einen Streich gespielt hat. Aber das ist eher unwahrscheinlich.“
„Und wer ist dieser Krok?“, hakte Pia nach. Aber Paul ergriff sofort die Gelegenheit, seine Zuhörer von seinem ausgeprägten Detektivgespür zu überzeugen:
„Lasst mich kombinieren“, meinte Paul mit geheimnisvollem Gesicht. „Krok ist einer der wohl größten Inselbewohner, er misst mindestens zwei Meter und hat strohblondes Haar, ähnlich wie Sven.“ Nachdem Sven verblüfft genickt hatte, war Paul sehr zufrieden. Die Aufklärung lieferte er gleich hinterher: „Den habe ich vorhin vor der Apotheke gesehen. Möchte nur wissen, was er mit den Salbers zu besprechen hatte.“

Übung 49: Beantworte die folgende Frage: Welche drei Teilsätze im vorangegangenen Abschnitt beschreiben Pauls Verhalten besonders anschaulich?

ÜBUNG 49 !

____

____

„Das ist nicht schwer zu erraten", meinte Sven, als sich die drei über die lange Wendeltreppe auf den Weg zurück in die Küche der Weißkopfs machten. „Jesper Krok ist von Beruf Fischer, und sicherlich ging es um die Ware, die er für den Stand der Salbers liefert. Frau Salber ist immer sehr misstrauisch und hat schon mehrfach behauptet, Jespers Fisch sei nicht der frischeste – was natürlich blanker Unsinn ist. Wie dem auch sei, wir können Jesper Krok ja nachher einen Besuch abstatten. Er freut sich über jeden, der sich zu seiner kleinen Hütte verirrt", meinte Sven und hielt auf einmal so plötzlich inne, dass Paul, der mit diesem abrupten Stopp nicht gerechnet hatte, ihm in den Rücken rannte. „Was ist eigentlich, wenn die Morsezeichen von der kleinen Britta stammen?", fuhr Sven aufgeregt fort. „Ich meine, Britta verschwindet, ihr seht Morsezeichen, und das alles in derselben Nacht, da kann man doch ..."
„Aha, da kommen meine Gäste ja endlich!" Martha Weißkopf stand am Fuß der Treppe und lächelte ihnen freundlich zu.
„Unsere Gäste", korrigierte ihr Enkel sie, während er sich zu Pia und Paul herumdrehte und seinen Zeigefinger kurz auf die Lippen presste.
In der Küche der Weißkopfs war es angenehm warm. Und da Oma Martha extra ihre berühmten Kekse für die drei Kinder gebacken hatte, roch es auch ganz vorzüglich nach Schokoladenplätzchen. Auf der Anrichte dampften zudem drei heiße Tassen Kakao für die Kinder.
„Wie gefällt es euch denn eigentlich auf Amrum?", sprudelte es aus der alten Dame heraus. „Und wie geht es überhaupt euren

Eltern? Katrin und Adalbert könnten sich auch mal wieder blicken lassen.“ Paul und Pia waren erstaunt, dass Martha Weißkopf ihre Eltern kannte. Doch noch ehe sie sich weitere Gedanken darüber machen konnten, versuchte Sven schon, sie unauffällig aus der Küche zu lotsen:

„So, jetzt trinkt mal euren Kakao aus und schnappt eure Rucksäcke. Ich zeige euch das Nachtlager. Und dann können wir ja eine Runde spazieren gehen.“

Übung 50: Fasse in Stichworten zusammen, was du bislang über Jesper Krok erfahren hast!

! ÜBUNG 50

____

____

____

____

____

____

Enttäuscht stellte Paul fest, dass sich das Nachtlager, von dem Sven gesprochen hatte, tatsächlich im Garten der Weißkopfs befand. Als Sven den Blick seines neuen Freundes sah, fühlte er sich um eine Erklärung verlegen:

„Oma hat darauf bestanden, dass wir auf dem Grundstück zelten. Ich habe wirklich versucht, sie zu überreden. Aber da war einfach nichts zu machen. Mir wäre die Wildnis von Amrum auch lieber gewesen.“ Und als wollte er Paul versöhnen, ergänzte er noch schnell: „Aber dafür können wir Jesper Krok einen Besuch abstatten. Um diese Uhrzeit ist er meist vom Fischen zurück. Und sein Kakao ist übrigens noch viel besser als der meiner Oma.“

Die Zwillinge verstauten ihr Gepäck in dem großen grünen Zelt, das für drei Personen reichlich Platz bot. Pauls Enttäuschung war so gut wie verflogen. Er freute sich darauf, mit Pia und Sven die vorliegenden Indizien zu deuten und die weiteren Pläne zu besprechen. Ihr Ziel war, den Einbrechern auf die Schliche zu kommen und Britta Braun zu finden.

Durch eine kleine Gartenpforte, die mächtig quietschte, führte Sven die Zwillinge hinter dem Haus der Weißkopfs auf einen kleinen Sandweg.

„Es ist aber eine gute halbe Stunde Fußweg", meinte er, während Pia und Paul ihm durch die Dünen folgten. Die drei sprachen auf dem Weg zur Jesper Kroks Fischerhütte kaum miteinander. Jeder der drei ging die Geschehnisse der letzten Nächte noch einmal gedanklich für sich durch – in der Hoffnung, Zusammenhänge herstellen zu können, die ihnen bislang verborgen geblieben waren. Nach einer Weile verlangsamte Sven seinen zielstrebigen Schritt und deutete auf ein Haus, aus dessen Schornstein Rauch aufstieg: „Wir haben Glück, er scheint zu Hause zu sein."

ÜBUNG 51 !

Übung 51: Notiere weitere Stichwörter für eine Personenbeschreibung Jesper Kroks aus dem vorangegangenen Abschnitt!

____

____

____

____

Als die drei Freunde vor der Holzhütte standen, klopfte Sven an die Tür. Nichts rührte sich. Noch einmal ballte der Junge seine

Hand zu einer Faust und hämmerte gegen die Holzlatten von Jesper Kroks Hütte. Zunächst hörten die drei etwas quietschen, dann kratzen und schließlich öffnete ihnen ein Hüne mit schläfrigen Augen die Tür.

„Oh, Besuch!", ertönte die dumpfe, aber dennoch freundlich wirkende Stimme. „Komm doch rein, Sven. Das gilt natürlich auch für deine zwei Freunde." Der strohblonde Mann mit dem löchrigen Unterhemd winkte sie in seine Hütte und Pia, Paul und Sven folgten dem Riesen in sein Reich.
Neugierig blickten sich die Zwillinge in der Hütte um. An den Wänden hatte Jesper Krok ausgestopfte Fische verschiedenster Arten hängen und in der Ecke stand ein altes Bett, aus dessen Matratzenende einige Strohhalme hervorquollen. Ein alter Ofen spendete dem Raum die nötige Wärme.

„Darf ich euch etwas zu trinken anbieten?“, brummte Jesper Krok seinen Gästen entgegen. Eigentlich war Pauls Bedarf an Kakao für heute gedeckt, doch der Junge wollte nicht unhöflich sein und erinnerte sich zudem an Svens Worte, die Jesper Kroks Kakao in den höchsten Tönen gelobt hatten. Also nickte er ein wenig unsicher und versuchte dabei, sich selbst davon zu überzeugen, dass dieser Mann mit den tellergroßen Pranken tatsächlich imstande war, einen besseren Kakao zu kochen als Frau Weißkopf.
„Was verschafft mir eigentlich die Ehre eures Besuchs?“, wollte Jesper Krok wissen, als er die heiße Milch über das Kakaopulver goss.
„Wir brauchen deinen Rat“, entgegnete Sven geheimnisvoll. Dann erzählte er dem Fischer von den Beobachtungen, die Paul und Pia in der letzten Nacht gemacht hatten.

ÜBUNG 52 !

Übung 52: Schreibe auf, welche vier Beschreibungen im vorangehenden Abschnitt sich auf das Äußere von Jesper Krok beziehen!

____

____

____

Der hünenhafte Fischer saß geduldig auf seinem Stuhl und lauschte Svens Worten, ohne dabei auch nur eine Miene zu verziehen. Selbst als Sven ihm von dem Verschwinden Britta Brauns berichtete, zuckte er mit keiner Wimper. Dabei konnte er doch unmöglich davon gewusst haben.
An der einen oder anderen Stelle der Erzählung wäre Paul Sven am liebsten ins Wort gefallen, um die Geschichte ein wenig nach seinem Geschmack auszuschmücken. Seine heldenhaften Ausflüge in der Nacht kamen ihm deutlich zu kurz. Doch die mächtige Statur

Jesper Kroks hatte Paul Pfeiffer so viel Respekt eingeflößt, dass er es zunächst vorzog, zu schweigen. Auch Pia gab keinen Laut von sich. Doch ihre Konzentration war auf ein Regal gerichtet, in dem aus Holz geschnitzte Figuren standen. Pia war entzückt. Eine der Figuren – einen mächtigen weißen Schwan – hatte sie auch schon bei Sven im Zimmer gesehen. Und so nahm das Mädchen an, dass es sich um ein Geschenk des Fischers handelte.

Schließlich hatte Sven seine Geschichte beendet.

„Was sagst du dazu?“, fragte er Jesper Krok. Dieser nahm einen kräftigen Schluck aus seiner Tasse und schwieg eine Weile. Dann wendete er seinen Blick den Zwillingen zu.

„Und was haltet ihr von der ganzen Sache?“, fragte er, während er den Zwillingen tief in die Augen schaute.

Paul spürte einen Kloß in seinem Hals. Sven hatte eine wirklich seltsame Vorstellung, was freundliche Menschen betrifft, dachte der Junge. Noch immer brachte er keinen Ton heraus. Deswegen ergriff Pia das Wort:

„Nun, wir sind ganz Svens Meinung. Bestimmt haben die Salbers etwas mit der Sache zu tun.“

Die Antwort des Fischers ließ nicht lange auf sich warten:

„Kinder, streicht euch diese Hirngespinste aus dem Kopf. Die Sache ist viel zu gefährlich. Überlasst das Verfolgen von Verbrechern besser der Polizei.“

Übung 53: Schreibe auf: Welche beiden Beschreibungen der Statur Jesper Kroks im letzten Abschnitt erklären Pias und Pauls Zurückhaltung?

____

____

Paul, der seine Stimme nun wiedergefunden hatte, stand auf, um zu protestieren. Doch dazu kam es erst gar nicht.
„Ich sehe, wenigstens du bist vernünftig und möchtest gehen." Krok nickte verständnisvoll in Pauls Richtung. Doch der verdutzte Paul konnte gar nicht glauben, was er da hörte.
„Sie verstehen da etwas falsch", entgegnete er schnell.
Doch der brummige Fischer hatte offenbar keine Lust auf weitere Diskussionen.
„Ich verstehe schon alles richtig. Ich weiß, dass Norbert Spitz mitten in den Ermittlungen steckt und sicherlich bald alles aufklären wird. Und das Verschwinden der kleinen Britta ist bestimmt nur ein Zufall. Ich wette, sie wird längst wieder da sein, wenn die wahren Verbrecher verhaftet werden. Ihr werdet schon sehen. Außerdem kann ich mir Daniel und Anna Salber überhaupt nicht als Einbrecher, Entführer oder sonst so etwas vorstellen. Ganz abgesehen davon muss ich morgen in aller Herrgottsfrühe aus den Federn. Deswegen würde ich mich jetzt gern aufs Ohr hauen und noch ein wenig schlafen."
Noch ehe die drei Kinder etwas erwidern konnten, hielt er ihnen auch schon die Haustür auf und schob sie hinaus. „War nett, eure Bekanntschaft zu machen", brummelte er noch, als Pia, Paul und Sven die Fischerhütte verließen.

Als sie sich in ausreichendem Abstand von Jesper Kroks Haus befanden, legte Paul verärgert los:
„Ein sehr freundlicher Geselle, das muss ich sagen! Dieses Gespräch jedenfalls hätten wir uns sparen können. Es hat überhaupt nichts gebracht, außer natürlich, dass neben Onkel Ruben, Tante Femke, deiner Oma und Norbert Spitz noch zusätzlich jemand ein Auge auf uns haben wird! So wird das mit den Ermittlungen nie etwas!" Paul kochte vor Wut und auch Sven schien irritiert:

„Ich begreife das selbst nicht. So seltsam habe ich Jesper noch nie erlebt.“

Übung 54: Schreibe jetzt eine Personenbeschreibung Jesper Kroks in dein Heft, die aus den Informationen besteht, die du in den Übungen 50 bis 53 zusammengetragen hast!

ÜBUNG 54 !

Den gesamten Heimweg mussten sich Pia und Sven das Gezeter von Paul anhören, das darin gipfelte, dass er Jesper Krok sogar zum Hauptverdächtigen erkor:
„Dieser Krok ist doch bestimmt der Anführer dieser Verbrecherbande! Der hat nur so reagiert, weil er Angst hat, dass wir ihm auf die Schliche kommen könnten.“
„Nun mach aber mal ’nen Punkt!“ Sven wollte das Gespräch endlich abschließen. Doch Paul hatte seine Schimpftiraden noch lange nicht beendet:
„Du hast doch selbst gesagt, sein Haus würde genau im Blickwinkel der Morsezeichen liegen, die wir beobachtet haben!“ Jetzt wurde es Sven zu bunt:
„Das schon“, entgegnete er patzig, „aber was glaubst du, hat er damit bezweckt? SOS, ich bekomme keinen Besuch und fühle mich so einsam?“ Paul schwieg. Darauf hatte er keine Antwort.
„Es wird Zeit, mit dem Streiten aufzuhören.“ Jetzt ergriff Pia das Wort. Schon von Weitem hatte sie Oma Weißkopf entdeckt, die offenbar die Pflanzen in ihrem Garten goss. „Es wäre für unser weiteres Vorgehen sicherlich nicht besonders hilfreich, wenn deine Oma von unserem Besuch bei Jesper Krok erfahren würde.“ Dabei warf sie erst Sven, dann Paul böse Blicke zu.
Die beiden beleidigten Jungs wussten, dass Pia Recht hatte. Also wechselten sie kein Wort mehr miteinander, bis sie die Gartenpforte hinter sich geschlossen hatten.

„Da seid ihr ja endlich!“, freute sich Oma Weißkopf. „Ich habe euch etwas Proviant in euer Zelt gelegt.“ Als keiner der drei antwortete, guckte sie verwundert einen nach dem anderen an. „Ein schlichtes ‚Danke‘ hätte gereicht“, meinte die alte Dame, als immer noch keine Reaktion kam.

„Vielen Dank, Oma“, antwortete Sven schließlich. „Wir ziehen uns dann mal zurück.“

„Ist in Ordnung. Dann wünsche ich euch noch einen schönen Abend. Ich verstehe zwar nicht, warum ihr unbedingt zelten müsst, aber wenigstens regnet es nicht.“

Übung 55: Kreuze an: Was macht den vorangehenden Teil der Erzählung besonders lebendig?

- ☐ Spannungshöhepunkt
- ☐ Adjektive
- ☐ wörtliche Rede
- ☐ Vorausdeutung

Langsam setzte die Dämmerung ein und die Kinder machten es sich im Zelt gemütlich, wo sie sich über die Vorkommnisse der letzten Tage Gedanken machen wollten. Als Paul einen Block aus seinem Rucksack zog, musterte seine Schwester ihn verwundert:

„Wenn du in der Schule auch nur einen Tag in der Woche so gewissenhaft arbeiten würdest, dann brauchtest du dir über schlechte Noten weniger Gedanken zu machen“, spottete das Mädchen und registrierte vergnügt, dass Sven schallend lachte. Dieser hatte indessen seine Taschenlampe ans Zeltdach gehängt, damit sie ein wenig mehr Licht hatten. Vor Paul lag der große Notizblock, in dem er noch einmal alles Verdächtige – und vor allem die Verdächtigen – schriftlich festhalten wollte.

Die drei selbst ernannten Detektive gingen noch einmal sämtliche Personen durch, die ihrer Meinung nach mit dem Fall zu tun hat-

ten. Paul versuchte eifrig, jedes Detail genau festzuhalten. Als keinem der drei noch etwas einfiel, ergriff Paul schließlich das Wort. „Nun ist es an der Zeit, festzustellen, wo genau wir mit unseren Ermittlungen stehen.“ Er begann, Pia und Sven noch einmal all das vorzulesen, was er vorher auf den Block geschrieben hatte. Als er damit fertig war, schwiegen die drei. Schließlich fasste Sven endlich in Worte, was jeder für sich ohnehin schon gedacht hatte:
„Im Grunde haben wir überhaupt nichts in der Hand, außer ein paar Personen, die wir – oder ganz besonders du, Paul – nicht leiden können. Wenn wir nicht bald etwas Handfesteres entdecken, sind unsere Nachforschungen wohl zum Scheitern verurteilt.“
Im Schein der Taschenlampe bemerkten die drei nicht, wie Blitzlichter am Dach des Zeltes vorbeihuschten.

Übung 56: Schreibe in Stichworten auf, was Paul über die Verdächtigen notiert haben könnte!

ÜBUNG 56 !

Jonas Falk: ______________________________

____

Apotheker Salber: ______________________________

____

Anna Salber: ______________________________

____

Jesper Krok: ______________________________

____

Mit großen Bissen verschlang Paul eines der Brote, die Martha Weißkopf ihnen als Proviant ins Zelt gelegt hatte. Doch so recht schmecken wollte es ihm nicht, obwohl er Fleischwurst eigentlich sehr gern mochte. Sven kaute an der letzten Frikadelle und murmelte in regelmäßigen Abständen immer wieder denselben Satz: „Irgendetwas müssen wir doch übersehen haben.“

Nur Pia versuchte, die Situation möglichst realistisch einzuschätzen: „Es hilft doch nichts, wenn wir uns jetzt weiter den Kopf zerbrechen. Wir sollten schlafen.“ Enttäuscht mussten die beiden Jungen zugeben, dass Pia recht hatte.

„Also dann“, Sven griff nach der Taschenlampe, während er den letzten Bissen seiner Frikadelle verschlang, „schlaft gut und träumt was Schönes!“ Er knipste das Licht aus und machte es sich in seinem Schlafsack bequem. Doch als er zur Zeltdecke hochblickte, bemerkte er ein schwaches Blitzen.

„Paul!“ Er stieß seinem Freund in die Rippen. „Paul, schau doch mal. Da sind sie wieder!“

„Da ist was?“, murmelte Paul schlaftrunken. „Hast du etwa noch eine dieser köstlichen Frikadellen gefunden?“

„Mensch, Paul!“ Sven rüttelte an Pauls Schlafsack. „Nun schau schon. Die Blitzlichter, die du und Pia gestern gesehen habt, da sind sie wieder!“

Spätestens bei diesen Worten war Paul hellwach und auch seiner Schwester erging es nicht anders. Sie richteten sich auf und sahen, was Sven meinte.

„Kommt, zieht euch etwas Warmes über. Wir folgen den Signalen.“ Die große Chance für die drei Detektive war gekommen.

ÜBUNG 57 !

Übung 57: Was macht den letzten Abschnitt besonders spannend? Kreuze an!

☐ das Einschlafen
☐ das lustlose Essen des Proviants

- [ ] Die Handlung führt zu einem Höhepunkt hin.
- [ ] die Enttäuschung, den Fall nicht lösen zu können

Leise öffnete Pia den Reißverschluss des Zeltes, um auch ja nicht die Aufmerksamkeit von Oma Weißkopf zu erregen. Kalte Luft drang ein und das Mädchen fröstelte.
„Mir nach und vergesst die Taschenlampe nicht!“, kommandierte sie die beiden Jungs. „Aber bloß noch nicht anknipsen, Sven!“
Paul und Sven folgten dem Mädchen, das bereits aus dem Zelt gekrabbelt war und am Himmel Ausschau nach den mysteriösen Lichtern hielt. Doch Pia sah nichts weiter als das sternenklare Firmament.
Mittlerweile standen auch die beiden Jungen neben ihr und alle drei blickten ungeduldig in die Nacht.
„Das wäre mehr als ärgerlich“, flüsterte Paul, „wenn die Zeichen jetzt nicht mehr auftauchen würden.“ Doch dann spürte er schon wieder Svens Ellenbogen in seinen Rippen.
„Da sind sie wieder!“ Der flachsblonde Junge deutete über das Haus der Weißkopfs hinweg. „Das kann nur aus dem Haus der Salbers kommen.“
„Meinst du wirklich?“, fragte Paul gespannt. Ein unheimliches Gefühl beschlich ihn. Ihnen würde keine andere Wahl bleiben, als zum Haus von Daniel und Anna Salber zu wandern.
Als hätte Sven seine Gedanken gelesen, flüsterte er den Zwillingen zu:
„Folgt mir! Ich weiß, auf welchem Weg wir uns am besten heranschleichen können.“ Woraufhin sich Sven ein zweites Mal an diesem Tag an der kleinen Gartenpforte zu schaffen machte. Paul und Pia folgten ihm in die Dunkelheit. Erst als sie sich einige Meter vom Haus der Weißkopfs entfernt hatten, knipste Sven die Taschenlampe wieder an.

ÜBUNG 58 !

Übung 58: Teile den vorangegangenen Abschnitt in vier Handlungsschritte ein! Notiere nur Stichworte.

1. ____________________

2. ____________________

3. ____________________

4. ____________________

„Bis zur Biegung können wir sie noch anlassen." Sven deutete auf seine Taschenlampe, die ihnen den Weg leuchtete. Paul und Pia mussten sich regelrecht sputen, um mit den schnellen Schritten Svens mithalten zu können.

„Hier rein!" Der Schein der Taschenlampe war urplötzlich verschwunden und Sven hatte Pia unsanft hinter einen Busch gestoßen. Wie durch einen Reflex sprang auch Paul fast zeitgleich mit den anderen hinter das Gestrüpp. Nach einer unsanften Landung blickte er seinen Freund fragend an. Doch der gab keine Antwort, denn im selben Moment bog eine dunkle Gestalt auf dem schmalen Sandweg um die Ecke.

„Und das zu dieser Uhrzeit!" Die Stimme klang barsch und kam den Zwillingen verdächtig bekannt vor. „Das nächste Mal können die ihre Sachen allein schleppen!", fluchte der Schatten weiter, der an den Kindern, die in der Deckung des Busches kauerten, vorbeihuschte.

Noch eine kurze Weile konnten die drei die griesgrämige Stimme schimpfen hören, bis sie endgültig verstummte. Paul verließ als Erster das Versteck. Sein Blick folgte dem Sandweg, so weit es ging, doch von dem Mann, der gerade zu so später Stunde an ihnen vorbeimarschiert war, fehlte jede Spur.

„Das war doch ..."

„Kein Geringerer als Jonas Falk“, unterbrach ihn Sven Weißkopf prompt. Voller Vorfreude ergänzte er: „Da haben wir also unseren Hauptverdächtigen.“
„Und ob!“, fügte Pia hinzu. „Habt ihr den Sack gesehen, den er auf dem Rücken trug?“ Doch den hatten weder Paul noch Sven bemerkt. „Jede Wette: Darin hat er sein neuestes Diebesgut transportiert.“

Übung 59: Beantworte die folgende Frage! Was macht Jonas Falk verdächtig? Antworte in Stichworten.

ÜBUNG 59 !

____

____

Jonas Falk allerdings konnte warten. Jetzt galt es zunächst, den verdächtigen Blitzlichtern aus dem Haus der Salbers zu folgen.

Die drei Detektive beschleunigten ihre Schritte, was in der Dunkelheit gar nicht so einfach war. Die Taschenlampe ließen sie ausgeknipst, denn die Gefahr, von einem weiteren Wanderer, Norbert Spitz oder gar den Salbers selbst ertappt zu werden, war ihnen zu groß. Für heute hatten sie ihr Glück genug herausgefordert.

„Da sind wir", meinte Sven schließlich. Vor ihnen lag das Haus der Salbers, das mit seinen zwei Stockwerken und dem spitzen Dach bedrohlich in den Nachthimmel von Amrum ragte. Im Haus war alles dunkel. Die Bewohner schliefen entweder bereits oder waren nicht zu Hause – und auch von Blitzlichtern keine Spur.

„Es gibt einen Hintereingang, der sogar meist geöffnet ist. Daniel Salber erwartet nicht selten noch wichtige Lieferungen für seine Apotheke." Paul und Pia blickten Sven erstaunt an. „Ich habe früher einmal das Kirchenblatt ausgetragen. Daher weiß ich davon", grinste er. „Der alte Salber konnte es offenbar nicht ertragen, dass ich jede Woche an seiner Tür geläutet habe. Also hat er mir das verboten und mich stattdessen aufgefordert, die Post in sein Büro zu legen, das man direkt vom Hintereingang erreicht. Bevor es die Einbrüche gab, müsst ihr wissen, war man hier sehr gutgläubig." Pia und Paul nickten nur, denn sie wussten, dass auch Tante Femke die Galerie früher nie abgeschlossen hatte.

„Na, dann wollen wir mal nachschauen, ob wir Glück haben", sagte Paul mit gespielter Lässigkeit.

! ÜBUNG 60

Übung 60: Beantworte die folgende Frage! Welche Sätze im vorangegangenen Abschnitt lassen das Haus der Salbers besonders unheimlich erscheinen?

____

____

____

Die drei Freunde schlichen um das Haus der Salbers herum. Sven, der sich am besten auskannte, hatte die Führung übernommen und lotste Pia und Paul trotz der Dunkelheit geschickt zum Hintereingang. Von einer hohen Hecke verborgen lagen die mit Moos bedeckten Stufen, die direkt zur Hintertür führten. Der Eingang sah beinahe so aus, als wenn er gar nicht mehr benutzt werden würde, doch Sven wusste es besser. Die Salbers waren nicht im Geringsten bemüht, diesen Teil des Hauses sonderlich in Schuss zu halten.

Noch immer lag das alte Haus im Stillen. Auch in der Umgebung war nichts Besonderes zu hören oder zu sehen. Sven Weißkopf griff mit zittriger Hand nach der Türklinke. Pia drückte die Daumen. Heute mussten sie einfach Glück haben, ansonsten würden sie mit ihren Ermittlungen wieder keinen Schritt vorankommen. Die Tür knarrte zunächst und ließ sich dann tatsächlich öffnen.

„Bitte eintreten“, flüsterte Sven verschmitzt. Doch Pia merkte, wie die Beine des Jungen vor Angst schlotterten. Da es ihr nicht viel anders erging, sagte sie nichts.

Leise schlüpfte Sven durch den Türspalt. Paul und Pia folgten ihm. Der Raum, den sie betraten, roch muffig. In seiner Mitte stand ein großer rustikaler Schreibtisch, auf den Sven damals das Kirchenblatt hatte legen müssen. Heute war der Schreibtisch leer und viel mehr war im Dunkeln auch nicht zu erkennen.

„Wir müssen auf jeden Fall in den ersten, wenn nicht sogar in den zweiten Stock“, flüsterte Sven seinen Mitstreitern zu. „Das Blitzlicht hätten wir unmöglich sehen können, wenn es aus dem Erdgeschoss gekommen wäre.“ Das schränkte die Suche zwar ein, machte die Sache aber insofern nicht leichter, als sie im Dunkeln in einem Haus umherirrten, dass sie noch nicht einmal im Hellen betreten hatten. „Die Tür nach oben ist gleich dort hinten.“ Sven deutete an das Ende des Raumes.

Übung 61: Beantworte die folgende Frage! Welche Wortwahl im letzten Abschnitt verstärkt den Eindruck von einem unheimlichen Haus? Nenne sechs Beispiele.

1.____

2.____

3.____

4.____

5.____

6.____

Pia, die als Letzte aus Daniel Salbers altem Büro in den Flur huschte, traute sich nicht, die Tür hinter sich zu schließen. Sie wollte jedes auch noch so kleine Geräusch vermeiden.
Die drei schlichen die Treppe, die sich am Ende des Flurs befand, hinauf in den ersten Stock. Gleich hinter der ersten Tür, an der sie vorbeikamen, hörten sie ein lautes Schnarchen.
„Die Hausherren sind also zu Hause“, flüsterte Paul den beiden anderen zu. „Bestimmt ist es sicherer, zunächst ganz oben nachzuschauen.“ Sven und Pia nickten stumm. Sollte Daniel Salber unglücklicherweise wach werden, hätten sie im zweiten Stock noch eher die Gelegenheit, sich rechtzeitig vor ihm zu verstecken. Doch der Aufstieg in die nächste Etage gestaltete sich weitaus schwieriger, als sie gedacht hatten. Sie mussten eine enge, steile Wendeltreppe emporklettern, von der mindestens jede zweite Stufe verräterisch knarrte. Die drei Nachwuchsdetektive waren deswegen darauf bedacht, möglichst eine, wenn nicht gar zwei Stufen auf einmal zu nehmen. Als schließlich auch Pia das oberste Stockwerk erreicht hatte, hielten die drei einen kurzen Moment inne und

lauschten. Von unten hörten sie Daniel Salbers rasselndes Schnarchen, ansonsten war es still im Haus. Die erste Etappe hatten sie also schadlos überstanden.
Sven öffnete vorsichtig eine Tür und warf einen Blick hinein: Vor seinen Augen türmten sich alte Kartons bis an die Decke. Ansonsten war der Raum leer. Sie probierten es beim nächsten. Auch dieser war nicht verschlossen und offenbarte eine kleine Bibliothek. Nicht nur Onkel Ruben scheint also ein Bücherwurm zu sein, dachte Paul gerade, als Pia einen unterdrückten Schrei ausstieß. Sie zeigte mit dem Finger auf die Tür am Ende des Ganges, an der ein Schlüsselbord mit einem einzigen großen Schlüssel hing.

Übung 62: Nenne weitere Wortbeispiele, die die Atmosphäre noch stärker verdüstern!

! ÜBUNG 62

____

____

____

____

____

____

Die Aufregung der drei Freunde stieg ins Unermessliche. Da am Ende des Flurs kein Teppich mehr lag, mussten sie aufpassen, dass sie sich nicht durch ihre Schritte auf dem blanken Holzboden verrieten. Als Sven die Tür am Ende des Flurs öffnen wollte, musste er feststellen, dass sie verschlossen war. Wahrscheinlich gehörte der Schlüssel, der an dem Brett hing, eben zu genau dieser Tür.

Sven griff nach ihm, aber Paul war schneller. Er schnappte sich den Schlüssel, steckte ihn ins Schloss und drehte ihn um. Danach probierte er vorsichtig, ob sich die Tür nun öffnen ließ. Und siehe da, sie tat es!
Vorsichtig warfen die drei einen Blick in den dunklen Raum. Obwohl das Zimmer recht karg eingerichtet war, konnte man erkennen, dass es sich um ein Kinderzimmer handelte. In der Ecke stand ein schmales Bett, darüber hing ein Pferdeposter. Am Fenster konnte man ein Regal mit einigen Büchern und Brettspielen erkennen sowie einen Tisch, auf dem eine Taschenlampe lag. Ansonsten war der Raum leer. Gerade wollte Paul das Zimmer enttäuscht verlassen, als er ein leises Wimmern hinter der Tür hörte. Mutig sprang der Junge mit den feuerroten Haaren in den Raum. Sven und Pia folgten Paul auf der Stelle. Hinter der Tür hockte ein zitterndes kleines Mädchen, das sie mit großen Augen ansah.
Pia erkannte sofort, dass es sich bei dem Mädchen nicht um Britta Braun handelte. Behutsam ging sie auf das vor Angst schlotternde Mädchen zu und richtete mit sanfter Stimme das Wort an sie:
„Ich bin Pia. Und wie heißt du?“ Eine schwache Stimme antwortete: „Ich bin Lotte. Lotte Salber.“ Pia und Paul schauten sich verblüfft an.

ÜBUNG 63 !

Übung 63: Beantworte die folgende Frage! Welche Adjektive und Adverbien tragen im vorangegangenen Abschnitt besonders zur Atmosphäre und Spannung bei?

Adjektive:

____

____

____

Adverbien:

____

____

____

„Hier halten sie dich also versteckt!“ Svens Stimme bebte vor Wut. „Und in der Schule erzählen sie, du seist krank und könntest vorläufig nicht kommen.“

„Ich bin nicht krank“, antwortete Lotte zaghaft. „Aber sie sperren mich hier ein, bis sie mich in ein Internat in der Nähe von München bringen. Sie haben jemanden gefunden, der meine Arbeit übernehmen kann, sagen sie. Ich will da aber nicht hin. Deshalb habe ich auch mit einer Taschenlampe ‚SOS‘ aus meinem Fenster gemorst.“ Dicke Tränen rollten ihr über die blassen Wangen.

„Aber sie können dich doch nicht einfach einschließen!“, schimpfte Sven laut vor sich hin und vergaß dabei völlig, dass er besser hätte leise sein sollen.

Paul wollte ihn gerade mit einer Geste zur Ruhe ermahnen, doch da war es schon zu spät. Hinter ihnen stürmte eine dunkle Gestalt durch die Tür. Pia erstarrte und auch Sven konnte sich vor Schreck nicht rühren. Nur Paul riss den Kopf zur Tür herum. Die drei Detektive waren soeben entdeckt worden.

„Könnt ihr mir verraten, was um alles in der Welt ihr hier treibt? Das ist glatter Einbruch!“, hörten sie die wohlvertraute Stimme von Norbert Spitz, dem Dorfpolizisten, sagen. Hinter ihm tauchte Anna Salber auf, die sofort das Wort ergriff:

„Ich erstatte Anzeige. Die Landratten sollen wissen, dass sich auch Touristen nicht alles erlauben dürfen. Und dem da …“, sie zeigte auf Sven, „… habe ich ohnehin nie über den Weg getraut.“

„Nun mal langsam!“, meinte Norbert Spitz. „Ich liefere die drei erst einmal zu Hause ab. Und du, Lotte, lege dich bitte wieder schlafen.“ Das kleine Mädchen kauerte noch immer zitternd in der Ecke. An Pia, Paul und Sven gerichtet fuhr Norbert Spitz mit fester Stimme fort: „So, und ihr kommt mit mir, bevor ihr noch mehr ehrenwerte Bürger mitten in der Nacht aus ihren Betten holt.“
Die drei Detektive mussten wohl oder übel den Rückzug antreten, während Anna Salber sie mit ihren gehässigen Blicken bedachte. Aber wo war eigentlich Daniel Salber?

ÜBUNG 64 !

Übung 64: Welche Gedanken könnte sich Pia während der „Festnahme“ durch Norbert Spitz machen? Schreibe ganze Sätze in dein Heft!

Als sie unten an der Haustür angekommen waren, glaubte Sven zu hören, wie sich oben im Haus ein Schlüssel im Schloss umdrehte. „Und dass sie Lotte einschließen, dazu sagst du gar nichts, Norbert?“, wollte der empörte Junge wissen.
„Ich sage vor allem dazu etwas, dass ihr mächtigen Ärger bekommen werdet. Anna war völlig verängstigt, als sie mich auf dem Handy angerufen hat. Sie hat natürlich Einbrecher vermutet, die Gute. Und in gewisser Weise hatte sie ja auch recht. Vielleicht habt ihr Glück und ich kann sie überreden, von einer Anzeige abzusehen.“ Dann öffnete Norbert die hintere Tür seines Polizeiautos und ließ Pia, Paul und Sven einsteigen.
Zuerst setzte er Sven bei Oma Martha ab. Die alte Frau erwartete ihren Enkel bereits im Morgenrock und machte ein besorgtes Gesicht.
„Kann man dich denn nie allein lassen?“ Und auch die Zwillinge blickte sie vorwurfsvoll an, als hätte sie von Pia und Paul mehr Vernunft erwartet.

Weniger glimpflich fiel hingegen die Ankunft bei Onkel Ruben aus. Er bemerkte die Heimkehrer sofort, als diese das Haus betraten.

„Das hat mir gerade noch gefehlt!“, polterte er gleich los. „Habe ich euch nicht klipp und klar erklärt, was ich von euren Anschuldigungen halte?“ Onkel Rubens Gesicht hatte eine beängstigend rote Farbe angenommen und dicke Schweißperlen rannen ihm über die Stirn. „Wenn Anna Salber jetzt noch Anzeige erstattet, wozu sie selbstverständlich alle Berechtigung hätte, könnt ihr euch schon einmal überlegen, wie ich das euren Eltern erklären soll!“, schimpfte Ruben Reimann weiter. „Und jetzt will ich keinen Ton mehr hören. Marsch, rauf in euer Zimmer! Wir sprechen uns morgen.“

Übung 65: Wie könnte eine mögliche Unterhaltung zwischen Pia und Paul vor dem Einschlafen aussehen? Schreibe in dein Heft!

ÜBUNG 65 !

Glücklicherweise begann der nächste Morgen freundlicher, als Pia und Paul vermutet hatten. Als sie die Küche betraten, werkelte Tante Femke schon reichlich geschäftig darin herum.

„Euer Onkel musste heute schon ganz früh aus dem Haus. Und von Frau Weißkopf soll ich euch ausrichten, dass Sven vorläufig Hausarrest hat.“

„Macht nichts. Ich habe ja seine Handynummer“, antwortete Paul trotzig. Die Aussicht, den Rest der Ferien ohne Sven verbringen zu müssen, stimmte ihn missmutig. Denn ohne Sven würde es mit Sicherheit noch schwierig werden, diesen verzwickten Fall zu lösen.

„Unterstehe dich, weiter den Detektiv zu spielen!“ Tante Femke hob mahnend den Zeigefinger. „Mit Norbert Spitz habe ich nämlich auch schon gesprochen. Er hofft, die Salbers überzeugen zu können, von einer Anzeige abzusehen. Doch wie ich den Apotheker und seine störrische Frau kenne, wird das kein leichtes Unterfangen. Ihr dürft also in der Kirche eine Kerze für euch anzünden." Ein Lächeln huschte über Femke Reimanns Gesicht. Tante Femke war zwar enttäuscht von dem Verhalten der Zwillinge, aber so richtig böse schien sie den beiden auch nicht zu sein.

„Dürfen wir wenigstens etwas frische Luft schnappen und am Strand spazieren gehen?", wollte Pia wissen, nachdem sie zu Ende gefrühstückt hatten.

„Sicherlich. Oder habe ich auch etwas von Hausarrest gesagt? Obwohl Martha Weißkopf mit ihrer Art der Bestrafung sicherlich nicht ganz falsch liegt ..." Femke zwinkerte den Zwillingen zu. Erleichtert schnappten die sich ihre Regenjacken und stapften wenige Minuten später durch die Dünen und schließlich am Strand von Amrum entlang.

„Hast du bemerkt, dass Daniel Salber gestern Nacht gar nicht mit im Zimmer war? Wir haben ihn doch noch kurz zuvor laut schnarchen gehört", ergriff Pia das Wort. Doch Paul hörte ihr nur flüchtig zu.

„Ich habe da noch etwas ganz anderes bemerkt."

ÜBUNG 66 !

Übung 66: Tante Femke hat sich vor dem Frühstück überlegt, was sie den Geschwistern sagen wird. Schreibe ihre möglichen Gedanken in dein Heft!

Mit zwei schnellen Schritten war Paul ins flache Wasser gesprungen. Pia beobachtete ihren Bruder einen Moment lang irritiert, bis sie bemerkte, dass er versuchte, etwas aus dem Wasser zu fischen. Zum Glück gibt es Gummistiefel, dachte Paul, während er nach dem Objekt der Begierde griff, das er in den Wellen hatte hüpfen sehen.

„Ich hab' sie!", rief er stolz und hielt seinen Fang in die Höhe.

„Das ist doch eine ..."

„Flaschenpost! Genau! Und sicher ist die von Onkel Ruben, der sich darin über seinen vorlauten Neffen und seine böswillige Nichte beschwert.“ Paul hatte seine gute Laune offenbar schnell wiedergefunden. Nun versuchte er, den Korken aus der Flasche zu bekommen, da er im Innern des Gefäßes tatsächlich ein zusammengerolltes Blatt Papier entdeckt hatte. Paul zog sein Taschenmesser aus der Hose.

„Das hat mir schon so manch treuen Dienst erwiesen“, frohlockte der Junge, während er mit dem Korkenzieher seines Messers den Stöpsel erst lockerte und schließlich mit einem „Plopp“ aus der Flasche zog. Dann nahm er einen dünnen Ast zu Hilfe, um die Botschaft aus der Flasche zu bekommen. Behutsam rollte der Junge das Blatt Papier auseinander – und wurde plötzlich leichenblass.
„Was steht denn darauf?“, wollte Pia wissen.

„Ich glaube“, stammelte Paul, „das ist eine Nachricht von Britta.“ Pia riss ihrem Bruder das Blatt aus der Hand und erschrak ebenfalls. Denn anstatt mit Tinte war die Botschaft augenscheinlich mit dem Blut eines Menschen geschrieben worden. In schmierigen Buchstaben stand auf dem Papier gekrakelt:
„Hilfe. Befreit mich aus der Caverna Maris. BB.“
Entsetzt schauten sich die Zwillinge an.
„Das sind ihre Initialen!“, kreischte Pia entsetzt. „Das müssen wir sofort Onkel Ruben zeigen!“ Doch Paul nahm ihr das Blatt Papier wieder ab.
„Müssen wir ganz bestimmt nicht.“

ÜBUNG 67 !

Übung 67: Kreuze eine der folgenden Möglichkeiten an! Die Stelle, an der Paul die Flaschenpost öffnet, bezeichnet man als

- ☐ Nacherzählung
- ☐ Personenbeschreibung
- ☐ Gegenstandsbeschreibung
- ☐ Vorgangsbeschreibung
- ☐ Inhaltsangabe
- ☐ Bericht

Auf dem Weg zurück zum Haus der Reimanns versuchte Paul, seinen Freund Sven auf dem Handy zu erreichen.
„Mist, nur die Mailbox!“, sagte er zu seiner Schwester gerichtet und sprach dann ein paar hastige Worte auf das Band. „Hallo, Sven, hier ist Paul. Wir sind auf eine neue Spur gestoßen. Weißt du etwas über die Caverna Maris? Bitte melde dich schnell!“ Dann wandte er sich wieder an Pia: „Das wäre erledigt. Komm, wir versuchen in der Bibliothek von Onkel Ruben etwas über diese Caverna Maris herauszufinden. Was auch immer dieser Ausdruck zu bedeuten hat, wir werden das Rätsel lösen!“ Pia wirkte wenig begeistert.
„Meinst du nicht, es wäre besser, die Nachricht Norbert Spitz oder zumindest Onkel Ruben zu zeigen?“, fragte sie kleinlaut.

„Und am Ende ernten die unsere Lorbeeren? Ohne mich! Wir sind ganz dicht vorm Ziel, glaub mir!" Und damit seine Schwester auch ja keinen Rückzieher machte, ergänzte er schnell: „Stell dir nur einmal vor, was das für ein fantastischer Deutschaufsatz wird!"
Pia runzelte nachdenklich die Stirn.
Als sie sich dem Haus von Onkel Ruben und Tante Femke näherten, stieg den Zwillingen schon der Geruch von Bratkartoffeln in die Nase. Schnell ließ Paul die Botschaft von Britta in seiner Jackentasche verschwinden.
„Hoffentlich kommt Onkel Ruben nicht zum Mittagessen", meinte Pia ängstlich.
Doch ihre Befürchtung war unbegründet. Tante Femke begrüßte die zwei Rückkehrer fast euphorisch, als diese das Haus betraten.
„Und? Wie war euer Spaziergang? Schnell, wascht euch die Hände. Wir können essen."

Übung 68: Kreuze eine der folgenden Möglichkeiten an! An welche Aufsatzart denkt Paul, wenn er von einem „fantastischen Deutschaufsatz" spricht?

ÜBUNG 68 !

- ☐ Nacherzählung
- ☐ gestaltende Aufgabe
- ☐ Erzählung
- ☐ Beschreibung
- ☐ Protokoll
- ☐ Fantasieerzählung

Paul schlang seine Bratkartoffeln in einem Tempo herunter, das Tante Femke stutzig machte.
„Ich wusste ja, dass Seeluft hungrig macht. Aber dass sie einen fast verhungern lässt, das ist mir neu."
Paul blickte kaum auf. Er schaufelte die letzte Portion Bratkartoffeln von seinem Teller in den Mund und sprang noch kauend von seinem Stuhl auf.

„Ich gehe schon mal vor“, murmelte er Pia zu, die dem Tempo ihres Bruders einfach nicht gewachsen war.

„Wo willst du denn hin?“, fragte Tante Femke argwöhnisch. „Nicht dass du mir schon wieder etwas Verbotenes anstellst!“

„Wo denkst du hin, Tantchen? Wir haben unsere Lektion gelernt. Ich wollte ein bisschen in der Bibliothek von Onkel Ruben stöbern. Da gibt es so viele interessante Bücher.“ In welchem Zusammenhang seine Suche stand, verriet Paul seiner Tante natürlich nicht. Und die gab sich mit Pauls Antwort zufrieden:

„Ja richtig, ihr müsst ja noch euren Aufsatz schreiben. Tut mir nur einen Gefallen: Erwähnt bitte nicht das – äh, ja, wie soll ich sagen – Missgeschick von gestern Nacht. Euer Onkel und ich haben beschlossen, dass diese Sache unter uns vieren bleibt, sofern Frau Salber keine Anzeige wegen Einbruchs erstattet.“ Paul nickte zustimmend.

„Ehrensache, Tantchen.“ Dann schloss er die Küchentür von außen.

Zehn Minuten später betrat Pia Onkel Rubens Arbeitszimmer, in dem Paul bereits schwer beschäftigt war. Auf dem Schreibtisch hatte er eine große Menge Informationsmaterial über die Insel Amrum verteilt, das er mit nachdenklicher Miene inspizierte. Ohne seinen Blick von den Touristenbroschüren zu wenden, erklärte er Pia:

„Diese Caverna Maris muss ja schließlich ein Ort auf der Insel sein.“

„Die Einheimischen kennen ihn sicherlich“, meinte Pia.

„Aber uns bleibt nur die Recherche, wenn wir nicht noch mehr Aufmerksamkeit erregen wollen“, fügte Paul hinzu.

ÜBUNG 69 !

Übung 69: Beantworte die folgende Frage! Welche zwölf treffenden Verben tragen besonders zur Anschaulichkeit des vorangegangenen Abschnitts bei? Nenne die Infinitive.

Bis in den frühen Abend hockten die Zwillinge am Schreibtisch und bemerkten gar nicht, dass Onkel Ruben mittlerweile von der Arbeit heimgekehrt war. Als er von seiner Frau erfuhr, dass die Kinder ihren Aufsatz vorbereiteten, war er sichtlich erfreut über die Tatsache, dass die Zwillinge ihren Fehler offenbar bereuten und um Besserung bemüht waren.
Enttäuscht kehrten Pia und Paul zum Abendessen in die Küche zurück. Sie hatten sämtliche Broschüren durchgesehen, doch über die geheimnisvolle Caverna Maris hatten sie nicht die kleinste Information gefunden.
Stumm aßen sie ihre Brote, während Onkel Ruben vergnügt von seinem Tag erzählte. Die Geschehnisse der vergangenen Nacht erwähnte er nicht. Wenigstens etwas, dachte Paul, der sich angesichts der prächtigen Laune seines Onkels ein wenig wunderte.
„Genau die richtige Zeit für die Geschichte eines alten Seebären", zwinkerte er den Zwillingen zu. „Ihr müsst wissen, früher wäre ich am liebsten Kapitän geworden, ein echter Piratenjäger, der den Seeräubern Angst und Schrecken einjagt und das Diebesgut, das sie in der Caverna Maris versteckten, an die rechtmäßigen Besitzer zurückverteilt." Pauls Augen flammten auf und Pia verschluckte sich fast an dem letzten Bissen ihres Brotes.

„Caverna Maris?“, fragte Paul so beiläufig wie möglich. „War das so etwas wie eine Gaststätte, in der die Piraten früher ihre erfolgreichen Raubzüge feierten?“ Paul versuchte, seinen Onkel aus der Reserve zu locken, und der Plan schien zu funktionieren. Ruben Reimann war nun ganz in seinem Element.
„Oh nein, die Caverna Maris ist eine alte Höhle im Osten von Steenodde, ganz in der Nähe der Landungsbrücke“, erklärte Onkel Ruben mit bedeutungsvoller Miene. „Sie ist aber nur sehr schwierig zu erreichen, und zwar ausschließlich bei Ebbe. Wenn die Flut einsetzt, kann es sehr gefährlich werden.“

ÜBUNG 70 !

Übung 70: Beantworte die folgende Frage! Welche sieben Substantive sorgen im letzten Abschnitt für Spannung und eine geheimnisvolle Atmosphäre?

____

____

____

Die Morgensonne von Amrum küsste die Insel. Und Paul freute sich, dass das Wetter mitspielte, als er zu früher Stunde aus seinem Bett stieg. Obwohl der Junge in der Nacht kaum ein Auge zugetan hatte, war er überhaupt nicht müde. Auch Pia war bereits aufgestanden. Die Zwillinge sprangen schnell in ihre Sachen und eilten die Treppe hinunter. Auf dem Küchentisch lag nur eine kleine Notiz von Tante Femke:
„Bin beim Einkaufen. Habt einen schönen Vormittag und macht mir keine Schande!“
„Ganz im Gegenteil. Heute lösen wir den Fall!“, rief Paul freudig aus. Mit einem Toast in der Hand eilte er zu Onkel Rubens Biblio-

thek, dicht gefolgt von Pia, die aufpassen musste, nicht den Kakao zu verschütten, den sie in einer großen Tasse mit sich trug.
„Was hast du denn nun schon wieder vor?“, wollte sie von ihrem Bruder wissen. Aber der ließ seine Schwester vorerst im Dunkeln tappen und studierte den großen Plan, der an der Pinnwand direkt neben dem Schreibtisch seines Onkels hing.
„Hervorragend! Wir haben Glück. Aber beeilen müssen wir uns!“
Pia wusste mittlerweile sehr wohl, was Paul im Schilde führte. Ihr Bruder hatte den Gezeitenplan studiert, der ihm verraten hatte, dass gerade Ebbe war.
„Komm!“, rief er seiner Schwester zu. „Wir müssen uns beeilen. Am besten leihen wir uns die Räder von Onkel Ruben und Tante Femke aus.“
Glücklicherweise war Tante Femke in die Stadt gelaufen, sodass die Zwillinge die Reimann'schen Fahrräder auch tatsächlich nutzen konnten. Kurz darauf rasten sie in Windeseile über Nebel nach Süddorf, ehe sie die Landungsbrücke in Steenodde erreichten. Dort angekommen stellten sie ihre Räder ab und rannten hinunter zum Strand. Paul hatte recht gehabt. Es herrschte Ebbe. Doch Pia wurde es plötzlich ziemlich mulmig zumute. Wenn Britta die ganze Zeit in der Höhle gewesen war, dann musste sie ertrunken sein. Sicherlich würden sie zu spät kommen. Pia traute sich nicht, diesen schrecklichen Gedanken weiterzuspinnen.

Übung 71: Schreibe die Gedanken, die Pia an dieser Stelle haben könnte, in dein Heft!

Paul und Pia liefen suchend durch das Watt. Doch von der Caverna Maris war weit und breit nichts zu sehen.
„Irgendwo hier muss sie doch sein!“, fluchte Paul. Doch noch ehe er ein weiteres Wort hinzufügen konnte, verriet ihm ein aufgereg-

ter Schrei, dass Pia den Eingang entdeckt haben musste. Und tatsächlich: Dort wo eine kleine Klippe aus dem Meeresboden ragte, hatte die Ebbe einen schmalen Spalt freigegeben. Hastig eilten die Zwillinge dorthin.

„Das muss die Höhle sein!“, frohlockte Paul. Doch seine Schwester ermahnte ihn, besser leise zu sein.

„Wer weiß, vielleicht sind Brittas Entführer mit da drin“, flüsterte sie ihrem Bruder zu, in der Hoffnung, recht zu behalten. Denn wenn sich auch die Entführer in der Höhle aufhielten, dann hätte sicherlich auch Britta Braun die Flut überstanden und würde noch leben.

Paul zwängte sich durch das schmale Loch und seine Schwester folgte ihm. Paul bemerkte erst jetzt, dass sie in der Eile vergessen hatten, eine Taschenlampe mitzunehmen. Und so brauchten die Augen der Zwillinge eine Weile, bis sie sich an das düstere Licht der Höhle gewöhnt hatten. Es war eiskalt. Paul und Pia schauten sich um und stellten enttäuscht fest, dass die Höhle leer war.

„Vielleicht ist das die falsche“, grübelte Paul und war schon dabei, zum Ausgang zu gehen, als er glaubte, eine Art Scharren zu hören. Erstaunt drehte er sich um und horchte genauer. Ja, da war wieder ein Geräusch! Dieses Mal ein Klopfen. Auch Pia schien es gehört zu haben, denn sie ging zielstrebig in den hinteren Winkel der Höhle.

„Hier ist noch ein Loch!“, rief sie Paul aufgeregt zu.

ÜBUNG 72 !

Übung 72: Beantworte die folgende Frage! Welche Ausrufe, kurzen Sätze und unvollständigen Sätze sorgen im letzten Abschnitt für besondere Spannung?

Ausruf: ______________________________

unvollständiger Satz: ______________________________

kurze Sätze: ____

____

____

____

Pia war bereits durch das Loch in einen dahinterliegenden Gang geklettert und musste dabei aufpassen, sich nicht den Kopf an der Felsendecke zu stoßen. Enttäuscht stellte sie fest, dass sie definitiv zu groß für den engen Spalt war, hinter dem offensichtlich eine zweite Höhle lag. Pia vernahm ein leises, aber deutliches Klopfen. Als Paul in den Gang gekrabbelt kam, schob er seine Schwester zur Seite.
„Lass mich mal versuchen, ob ich da durchpasse." Immerhin war Paul einen Kopf kleiner und um einiges schmächtiger als seine Zwillingsschwester. Tatsächlich schien es zu funktionieren. Paul triumphierte innerlich. Endlich brachte ihm seine Körpergröße, wegen der er schon so manche Hänselei in der Schule hatte ertragen müssen, auch einmal einen Vorteil! Er quetschte sich durch den Spalt hindurch.
Das Erste, was Paul sah, war eine Vase, die in der Ecke stand und einen ganz besonders kostbaren Eindruck machte. Erst dann bemerkte Paul, dass die ganze Höhle von oben bis unten mit Wertgegenständen gefüllt war.
„Potz Blitz! Pia, du wirst nicht glauben, was ich hier entdeckt habe!" Seine Schwester antwortete nicht.
Immer noch staunend schaute sich Paul weiter um. Da standen zahlreiche Schatullen mit Schmuck, Gemälde und alte Antiquitäten, die offensichtlich alle von großem Wert waren. Und dann erinnerte sich Paul daran, dass Frau Weißkopf ja eine chinesische Vase geklaut worden war. Das musste jene sein, die dort in der Ecke stand. Mensch, dachte Paul, da wird Sven aber Augen machen!

Plötzlich hielt Paul inne. Hinter sich hörte er wieder ein Klopfen, dieses Mal allerdings beträchtlich lauter. Er lugte hinter einen Felsvorsprung, und da saß sie, gefesselt und geknebelt, aber offensichtlich wohlauf: Britta Braun, die Tochter von Hendrik Braun, die Paul und Pia das letzte Mal vor sechs Jahren gesehen hatten.

ÜBUNG 73 !

Übung 73: Schreibe auf, mit welchen Worten die Gegenstände in der Höhle lebendig beschrieben werden?

Mit flinken Fingern befreite Paul das kleine Mädchen von ihrem Knebel.
„Geht es dir gut?“, fragte er sie hastig.
„Mir ginge es besser, wenn du mich auch von den Fesseln befreien würdest“, entgegnete sie vorlaut.
„Verzeihung“, grinste Paul. Dann holte er sein Taschenmesser aus der Jacke und schnitt vorsichtig die Fesseln durch, um sie ja nicht zu verletzen. Dabei entdeckte er eine blutige Wunde an ihrem Finger.
„Ich nehme an, dass du damit deine Botschaft geschrieben hast“, schlussfolgerte er. Britta nickte bestätigend mit dem Kopf.
„Glücklicherweise habe ich unter dem Diebesgut eine Weinflasche gefunden. Den Wein habe ich weggeschüttet und das Etikett abgelöst, damit ich etwas hatte, das ich beschreiben konnte. Anfangs ließen mich meine Entführer nämlich noch frei in der Höhle umherlaufen. Diese Höhle, musst du wissen, liegt höher als die erste, durch die du gekommen bist. Bei Flut kommt das Wasser zwar nicht bis hier hinein, aber man ist trotzdem hoffnungslos eingesperrt. Mir blieb also nur die Möglichkeit, die Flasche in die erste Höhle zu werfen und zu hoffen, dass sie bei Ebbe herausgeschwemmt werden würde.“
„Nun, das hat offenbar geklappt“, nickte Paul. „Und Pia und ich haben sie gefunden. Wir mussten nur herausfinden, was du mit ‚Carverna Maris‘ gemeint hast.“
„Das weiß doch jedes Kind! Das ist Lateinisch und bedeutet ‚Höhle des Meeres‘. Hier haben früher die Piraten ihr Diebesgut gelagert“, antwortete das kleine Mädchen keck. Und als sie bemerkte,

wie Paul die Wertsachen, die rings um sie herumstanden, musterte, ergänzte sie schnell: „Zum Verstecken von Diebesgut scheint dieser Platz auch heute noch geeignet zu sein.“

„Wer ist eigentlich für all das verantwortlich?“, fragte Paul neugierig.

„Wir sind dafür verantwortlich“, schallte es aus der ersten Höhle.

ÜBUNG 74 !

Übung 74: Formuliere Brittas Erzählung im letzten Abschnitt in eine Nacherzählung um und wechsle dabei die Perspektive! Schreibe in dein Heft. Beginne mit: ***Britta fand unter dem Diebesgut ...***

Paul schrak zusammen und auch Britta begann, am ganzen Leib zu zittern. Der Junge wusste sofort, woher er diese nölende Stimme kannte. Er hatte sie schon bei ihrem nächtlichen Ausflug im Haus der Salbers vermisst.

„Los, rauskommen!“, kommandierte Daniel Salber aus der ersten Höhle. „Zumindest wenn du willst, dass deiner Schwester nichts passiert. Und bring die kleine Göre gleich mit.“

Paul und Britta sahen sich fragend an, wussten aber, dass ihnen nichts anderes übrig blieb. Um Hilfe zu holen, war es zu spät. Also krabbelten die beiden durch den engen Spalt zurück in die erste Höhle. Britta war weniger verwundert, aber Paul staunte nicht schlecht, als er neben Daniel Salber auch Jesper Krok erspähte, der Pia fest am Arm hielt:

„Ich habe euch doch gewarnt, eure Nasen nicht in Dinge zu stecken, die euch nichts angehen!“

„Also“, ergriff jetzt Daniel Salber, der Apotheker, das Wort, „folgender Plan: Britta und Paul schaffen die Sachen aus der zweiten in die erste Höhle und du“, er deutete auf Pia, „bringst sie dann zum Höhleneingang, wo unser Freund Jesper sie in unserem Trans-

porter verstauen wird." Er warf dem Fischer einen ernsten Blick zu, den dieser entschlossen erwiderte.
Die Kinder trauten sich nicht, auch nur ein Widerwort zu geben. Paul und Britta krabbelten wieder zurück in die zweite Höhle und trugen die Gemälde, die alte Vase von Frau Weißkopf und das restliche Diebesgut hastig in die erste Höhle, wo Pia es in Empfang nahm und weiter zum Ausgang transportierte. Das alles geschah unter den wütenden Blicken von Daniel Salber, der drohend mit einem Revolver in der Hand herumfuchtelte.

Übung 75: Beantworte die folgende Frage! Was könnten sich Britta und Paul, wenn sie in der zweiten Höhlenkammer sind, unbemerkt zuflüstern?

Paul: ______________________________

Britta: ______________________________

Paul: ______________________________

Britta: ______________________________

Paul: ______________________________

Britta: ______________________________

Eine geschlagene halbe Stunde dauerte es, bis die Kinder das gesamte Diebesgut aus der Höhle gebracht hatten. Jesper Krok schaffte jedes Teil der Beute, das Pia ihm anreichte, einzeln in den Transporter, den er anscheinend oberhalb des Höhleneinganges geparkt hatte. Endlich rief Paul aus der zweiten Höhle:
„Das war alles!"
„Vorzüglich", brummte Salber. „Dann kommt wieder hierher."

Britta und Paul krabbelten durch das Loch zurück und gesellten sich zu Pia. Ängstlich schauten sie auf den Revolver des Apothekers, der auf sie gerichtet war. Dann tauchte auch Jesper Krok wieder auf.

„Alles verstaut, Chef."

„Sehr gut, dann fessle jetzt unsere kleinen Möchtegerndetektive!", befahl Salber.

„Und was machen wir dann mit ihnen?", wollte der alte Krok wissen.

„Was schon? Wir lassen sie auf die Flut warten. Hier wird sie zumindest so schnell keiner finden. Und dann ist Schluss mit der ganzen Sache! Wir haben ohnehin mehr als genug Beute gemacht. Und der Plan, die kleine Britta Braun als Ersatz für Lotte zu nehmen, war ohnehin zu riskant. Man hätte sie so lange gesucht, bis man sie auch gefunden hätte. Und irgendwann wäre irgendein Schlaumeier auch auf die Idee gekommen, in der Caverna Maris nachzuforschen", meinte er mit grimmiger Stimme. „Also los, fessle sie!"

Jesper Krok schien einen Moment innezuhalten.

„Aber dann werden sie ertrinken", stellte der Fischer fest. „Die Flut wird die erste Höhle vollständig unter Wasser setzen."

„Selbstverständlich wird sie das. Das ist auch Sinn und Zweck dieser Veranstaltung. Oder ist es dir lieber, die Landratten plaudern unser kleines Geheimnis aus?", antwortete Salber.

Jesper Krok schien nicht ganz wohl bei dem Gedanken zu sein. Dann griff er aber doch nach den Seilen, die er aus dem Transporter mitgebracht hatte, und fesselte erst Pia, dann Paul und schließlich Britta.

„Einen angenehmen Tag noch." Mit seinem hämischsten Grinsen kletterte Daniel Salber zurück ans Tageslicht. Jesper Krok folgte ihm.

Übung 76: Beantworte die folgende Frage! Welchen ganz wichtigen Unterschied zwischen Jesper Krok und Daniel Salber bemerkst du im letzten Abschnitt? Formuliere in eigenen Worten.

____

____

____

____

Die Ratlosigkeit stand Paul ins Gesicht geschrieben und seine Schwester weinte laut schluchzend vor sich hin. Nur die kleine Britta schien der Situation trotz ihres Alters noch am ehesten gewachsen zu sein.

„Jesper Krok und Daniel Salber waren also die Einbrecher. Aber ich verstehe immer noch nicht, warum sie dich entführt haben", sagte Paul zu Britta gewandt.

„Na, du hast es doch gesehen", unterbrach Pia ihn wütend, und wieder schossen ihr Tränen in die Augen. „Die beiden sind zu groß für den Spalt, der in die zweite Höhle führt. Aber nur dort war das Diebesgut sicher. Da kam ihnen ein kleines Mädchen wie Britta gerade recht."

„Mag ja sein, aber diese Einbrüche finden doch schon sehr viel länger statt. Warum also haben sie dich erst jetzt entführt, Britta?" Paul wollte sich einfach noch nicht zufriedengeben. Traurig zuckte das kleine Mädchen mit den Schultern.

„Soweit ich weiß, hat bisher immer meine Klassenkameradin Lotte diese Arbeit erledigt. Aber die ist schon lange nicht mehr in der Schule aufgetaucht. Irgendwann hat sie mir einmal im Vertrauen erzählt, dass ihre Eltern sie abschieben wollen – in ein Internat oder so etwas. Vielleicht ist sie ja längst dort."

„Ist sie noch nicht. Wir haben sie vorgestern Nacht im Haus der Salbers entdeckt, nachdem sie mit einer Taschenlampe ‚SOS' aus dem Dachfenster gemorst hat.“ Und dann erinnerte er sich an Lottes Worte. „Aber natürlich, Pia! Lotte hat uns doch erzählt, dass ihre Eltern jemanden gefunden hätten, der ihre Arbeit übernehmen könnte. Damit meinte sie dann ja wohl Britta.“ Langsam, aber sicher wurde Paul einiges klar. „Na ja, wenigstens haben wir das Rätsel gelöst, auch wenn die zwei Räuber über alle Berge sein werden, ehe man uns hier ...“ Paul erschrak und brach den Satz ab. Die Flut setzte wieder ein und Paul spürte, wie seine Füße nass wurden.

ÜBUNG 77 !

Übung 77: Beantworte die folgende Frage! Welche Behauptung ist richtig?

1. Britta sollte ins Internat abgeschoben werden.
2. Britta wurde entführt, um Lottes Arbeit zu übernehmen.
3. Britta morste SOS aus Lottes Fenster.
4. Lotte hatte eine Nachfolgerin gefunden.

Das Wasser stieg langsam, aber unaufhaltsam an. Bereits nach kurzer Zeit hatte es beträchtlich an Höhe gewonnen. Unter höchster Anstrengung war es den drei Kindern gelungen, sich an der Felswand aufzurichten, sodass sie nicht mehr auf dem Boden saßen, sondern wenigstens an die Wand gelehnt standen. Immer noch gefesselt und voller Angst warteten Pia, Paul und Britta auf das Wasser der zunehmenden Flut.

„Wie hoch wird das Wasser wohl noch steigen?“, fragte Paul die kleine Britta, in der Hoffnung, sie würde ihm eine Antwort geben, die ihn beruhigte. Mit einem Paar tropfnasser Füße hätte er noch ganz gut leben können – und wenn es denn unbedingt sein musste, auch mit einer zweiwöchigen Grippe.

„Ich muss dich enttäuschen. Das Wasser steigt fast bis zum Eingang der zweiten Höhle.“ Brittas Blick deutete zu dem Gang hinauf, durch den sie und Paul vorhin noch gekrabbelt waren, um die Beute von Daniel Salber und Jesper Krok hinauszuschaffen. Mit den gefesselten Beinen dorthin zu gelangen, war allerdings ein Ding der Unmöglichkeit.

„Was wir jetzt brauchen“, Pias Stimme klang panisch, „ist ein Schutzengel.“

Die Minuten verstrichen gnadenlos. Der Wasserpegel hatte fast den Hals von Britta erreicht, die die Kleinste in der Runde war. Doch seltsamerweise war es auch sie, die am ruhigsten blieb.

Paul hatte das Gefühl, dem Wahnsinn nahe zu sein. Er wollte einfach nicht tatenlos zusehen, wie das Wasser sie alle nacheinander umbringen würde. Mit letzter Kraft begann er, lauthals nach Hilfe zu schreien.

Übung 78: Schreibe Pauls Gedanken im vorangegangenen Abschnitt auf! Formuliere sie in der dritten Person.

ÜBUNG 78 !

Paul hofft, ____

____

____

____

____

____

„Da sind sie!“, drang es in die Höhle. Die drei Kinder konnten ihr Glück kaum fassen: Ihre Retter nahten! Noch nie hatten sich Pia und Paul so gefreut, Onkel Rubens Stimme zu hören, der sich unter

großem Gestöhn durch den Felsspalt in die Höhle gezwungen hatte und nun durch das Wasser zu den Kindern watete. Auch ihm reichte das kalte Nass schon bis zur Hüfte.
„Haltet noch einen Moment durch!“, rief er Paul und Pia zu, während er sich Britta schnappte und sie zum Ausgang trug.
Dann war Pia an der Reihe. Sichtlich gelöst kullerten ihr die Tränen über die Wangen, als Onkel Ruben sie auf den Arm nahm und sich seinen Weg durch das Wasser bahnte. Und zu guter Letzt wurde auch Paul gerettet.
„Eigentlich sollte ich dich hier stehen lassen“, sagte Onkel Ruben zu seinem Neffen, als er ihn packte und durch die Höhle schleppte.
„Schnell hier lang!“, schallte es vom Ufer zu ihnen herüber. Paul wendete seinen Blick zum Strand und staunte nicht schlecht. Dort stand Jonas Falk, der grimmige Fährmann, und winkte ihnen zu. Warum um alles in der Welt ließ sich Onkel Ruben ausgerechnet von diesem finsteren Gesellen Befehle erteilen?
Am Ufer wurden sie bereits sehnsüchtig von Tante Femke und Pia erwartet, die mittlerweile in eine warme Decke gehüllt war. Neben ihnen stand ein überglücklich dreinschauender Hendrik Braun, der seine Tochter auf dem Arm hielt, als wolle er sie nie wieder loslassen. Und auch Sven hatte sich eingefunden und war sichtlich erleichtert, als er Paul auf die Schulter klopfte.
„Vielleicht wäre es jetzt Zeit für ein Dankeschön“, sagte Onkel Ruben zu Paul, während er seinen Blick auf Jonas Falk richtete. Der stämmige Fährmann hatte seine Arme in die Hüften gestemmt und grinste breit. Paul verstand nun gar nichts mehr und blickte fragend von einem zum anderen. „Nun, dann lass es dir erklären: Wenn man so will, war dein Hauptverdächtiger Nummer eins in Wahrheit nichts anderes als dein Retter in höchster Not“, klärte ihn sein Onkel auf.

„Äh, ja, dann danke." Zerknirscht richtete Paul seine Worte an Jonas Falk.

Übung 79: Begründe in eigenen Worten, warum Paul Jonas Falk zunächst nur zerknirscht danken kann!

ÜBUNG 79 !

____

____

____

____

Der letzte Ferientag auf Amrum war angebrochen und Tante Femke und Onkel Ruben hatten für den Abschied der Zwillinge ein großes Fest vorbereitet. Ruben Reimann hielt eine seiner berühmt-berüchtigten Reden:
„Unser besonderer Dank gilt natürlich unseren zwei Spürnasen hier", dabei zeigte er auf Pia und Paul, die beide hochrot anliefen, „die Norbert Spitz so vortrefflich bei seinen Ermittlungsarbeiten unterstützt haben. Nicht wahr, Norbert?" Der Dorfpolizist lächelte verlegen. Nachdem Norbert Spitz den entscheidenden Hinweis von Onkel Ruben erhalten hatte, musste er Daniel und Anna Salber sowie Jesper Krok praktisch nur noch auflesen und seinen Kollegen auf dem Festland übergeben. Die kleine Lotte sollte zunächst einmal bei Sven und Oma Weißkopf bleiben.
„Onkel", Paul nahm Ruben Reimann zur Seite, „jetzt musst du mir nur noch verraten, warum wir ausgerechnet Jonas Falk unsere Rettung zu verdanken haben."
„Nun, Jonas hat beobachtet, wie Jesper Krok die Beute, die ihr ihm durch den Höhleneingang reichen musstet, in dem Transporter verstaut hat. Das kam ihm gleich seltsam vor. Also hat er mich

benachrichtigt.“ Dann senkte Onkel Ruben seine Stimme: „Du musst wissen“, flüsterte er, „Jonas Falk traut Norbert nicht sonderlich viel zu.“ Onkel und Neffe lachten nun so schallend, dass sich der Rest der Gesellschaft fragend nach ihnen umschaute. „Und als dann auch noch Sven angerufen hat“, fuhr Ruben fort, „und erzählt hat, dass ihr nach der Caverna Maris sucht, war alles klar.“

„Verstehe, aber warum habe ich Jonas Falk und Daniel Salber andauernd zusammen gesehen, was haben die beiden miteinander zu schaffen?“ Paul erzählte von den Vorfällen auf der Hinfahrt sowie von den Begegnungen in und vor der Apotheke. Außerdem berichtete er, dass sie dem alten Mann eines Nachts fast in die Arme gelaufen wären, als dieser offensichtlich vom Haus der Salbers kam.

„Das ist nicht schwer zu erraten, Paul. Jonas kümmerte sich um die Botengänge für die Apotheke und setzte dafür bisweilen auch die Fähre ein.“

„Eine Frage habe ich aber auch noch,“ mischte sich Pia in das Gespräch ein. „Wo war eigentlich Salber, als wir auf Lottes Morsezeichen hin in sein Haus eingestiegen sind und dann von Norbert und Frau Salber erwischt wurden?“

„Als Salber gehört hat, dass Fremde in sein Haus eingedrungen sind, dachte er, er wäre aufgeflogen. Da hat er einen ganz schön großen Schreck bekommen und ist so schnell wie möglich zur Höhle gefahren, um zu gucken, ob Britta noch da ist,“ antwortete Onkel Ruben. „Aber nun ist Schluss mit diesen Ungeheuerlichkeiten. Es ist Zeit, zu feiern!“

Zu später Stunde standen Pia und Paul schließlich abfahrbereit am Steg zur Fähre und verabschiedeten sich herzlich von ihrem neuen Freund Sven.

„Das wird sicher ein famoser Aufsatz!“, grinste ihr strohblonder Freund und zeigte ein letztes Mal seine gigantische Zahnlücke.

ENDE

Abschlusstest

Übung 1: Ordne die folgenden Aufsatzarten dem Tempus zu, in dem du sie verfassen musst: ***Bericht, Beschreibung, Erzählung, Nacherzählung, Inhaltsangabe, gestaltende Aufgabe.***

Präsens: ____________________

____

Präteritum: ____________________

____

Präsens oder Präteritum (je nach Situation): ____________________

____

Übung 2: Ordne folgende Stilmittel und Gestaltungselemente der Aufsatzart zu, bei der sie am wichtigsten sind: ***Spannung, Anschaulichkeit, Sachlichkeit, Höhepunkt, Vorausdeutung, Kürze, Genauigkeit.***

Erzählung: ____________________

____

Bericht: ____________________

____

Übung 3: Ordne die folgenden Aufsatzarten danach, ob sie eher informieren oder unterhalten sollen: ***gestaltende Aufgabe, Fantasie-Erzählung, Inhaltsangabe, Bericht, Erzählung, Vorgangsbeschreibung.***

unterhaltend: ____________________

____

informierend: ____

____

Übung 4: Kreuze an, was in jeden Aufsatz gehört:

- ☐ wörtliche Rede
- ☐ Hauptteil
- ☐ Einleitung
- ☐ Spannungssteigerung
- ☐ kurze Sätze
- ☐ Abwechslung
- ☐ Schluss
- ☐ Vorausdeutung

Übung 5: Welche Stilmittel tragen zu Spannung und Anschaulichkeit beim Erzählen bei? Kreuze an:

- ☐ lange Satzreihen
- ☐ lebendige Verben
- ☐ indirekte Rede
- ☐ kurze Sätze
- ☐ Tempuswechsel zum Präsens
- ☐ treffende Adjektive und Substantive

Übung 6: Löse die folgenden langen Sätze in kurze, spannende Sätze auf! Schreibe in dein Heft.

Paul hörte, wie der Motor angeschmissen wurde, und bemerkte, wie die „Margarita" sich in Bewegung setzte, wobei sie noch heftiger schaukelte. Pia behagte dieses Wanken keineswegs, denn auf einmal sprang sie auf und musste – seekrank, wie sie war – die Toilette aufsuchen. Paul, der das Szenario teilnahmslos beobachtete, schüttelte nur verständnislos den Kopf.

*Übung 7: Ersetze die Verben **hören**, **schaukeln** und **bemerken** durch jeweils vier andere anschauliche Verben mit ähnlicher Bedeutung.*

hören: ____

schaukeln: ____

bemerken: ____

Übung 8: Ersetze in den folgenden Sätzen die kursiv gedruckten Adjektive durch jeweils andere, die ebenso anschaulich sind.

Ein *fremder* Mann mittleren Alters grinste die *eingeschüchterten* Kinder mit *schwarz* funkelnden Augen hämisch an.

____

____

„Denk an unsere Abmachung!", zischte der *unsympathische* Mann mit dem *fiesen* Grinsen zum *brummigen* Fährmann.

____

____

Paul hatte sich mit seinem *schweren* Koffer schon durch den *triefenden* Regen in Gang gesetzt und seine *mürrische* Schwester folgte ihm.

____

____

Übung 9: Erhöhe die Lebendigkeit der Erzählung in den folgenden Sätzen, indem du alle Substantive, die noch nicht durch ein Adjektiv anschaulich beschrieben werden, mit einem passenden Adjektiv versiehst:

Der Wagen folgte einem Weg und bog auf den Hof, der zu dem Haus mit dem Strohdach gehörte.

____

____

____

Aus einem Fenster sahen Pia und Paul den Schein einer Kerze.

____

____

____

Übung 10: Füge in den folgenden Sätzen Adverbien oder adverbiale Bestimmungen ein, um auch dadurch die Anschaulichkeit der Erzählung zu steigern:

Der Abend auf der Nordseeinsel war ______________________ angebrochen, und wie durch ein Wunder hatte es auch aufgehört zu regnen. Im Kamin knisterte ______________________ ein Feuer und die Kinder schwelgten ______________________ mit ihren Gastgebern in Erinnerungen. Die vier lachten ________ ______________________, als Ruben ________ ______________________ das Mienenspiel Pauls nachahmte, nachdem man ihn ______________________ aus dem Graben gezogen hatte. So witzelten sie ___________ ______________________________ noch den ganzen Abend und lauschten ____ Onkel Rubens spannenden Geschichten.

Übung 11: Die Genauigkeit von Substantiven ist beim Erzählen und Beschreiben gleichermaßen wichtig. Finde jeweils sechs Substantive, die zu den folgenden Wortfeldern passen:

Schiff: ____

____

Haus: ____

____

Dieb: ____

____

Straße: ____

____

Übung 12: Wandle die folgende Passage in indirekter Rede in einen lebendigen Dialog um. Verwende abwechslungsreiche Verben zur Einleitung oder Ausleitung der Dialogteile. Schreibe in dein Heft!

Paul fragte Pia, warum Onkel Ruben und Tante Femke so allergisch auf das Thema Einbrüche reagierten. Pia meinte, wenn Onkel Ruben sich dazu nicht äußern wolle, werde das schon seine Gründe haben. Darauf erinnerte Paul Pia an den Deutschaufsatz. Er sagte, dass eine Einbruchserie am Urlaubsort ein spannendes Thema sei. Pia fragte ihn, was er denn unternehmen wolle.

Übung 13: Die folgenden Handlungsschritte sind durcheinandergeraten. Versuche sie zu ordnen! Kennzeichne sie dazu mit Ziffern von eins bis acht.

___ Die Caverna Maris war nicht zu entdecken.
___ Sie zwängten sich durch das schmale Loch.
___ Da sah er im Dämmerlicht Britta.
___ Pia und Paul liefen durch das Watt.
___ Plötzlich entdeckten sie einen schmalen Spalt in einer Klippe.
___ Da vernahmen sie ein Geräusch.
___ Die Höhle war leer.
___ Nur Paul konnte das Geräusch durch den Felsspalt hören.
___ Sie folgten dem Geräusch.
___ Er entdeckte eine zweite, höher gelegene Höhle.

Übung 14: Ordne die folgenden Stichworte der Einleitung, dem Hauptteil und dem Schluss von Pauls Deutschaufsatz zu:

A: Trotzdem Urlaub bei Onkel und Tante
B: Angst wegen Diebstahlserie
C: Im Haus der Salbers
D: Gleich mehrere Verdächtige
E: Hilfe von Sven
F: Abschied von neuem Freund Sven
G: Caverna Maris, Britta
H: Entdeckung durch Diebe
I: Lösung des Falls

J: Suche nach spannendem Thema
K: Eltern Paris, Kinder nach Amrum

In die Einleitung gehören: ____________________

In den Hauptteil gehören: ____________________

In den Schluss gehören: ____________________

Übung 15: Finde vier gute Titel für Pauls Aufsatz:

1. ____________________
2. ____________________
3. ____________________
4. ____________________

Übung 16: Anstatt den Hauptteil von Pauls Aufsatz zu verfassen, schreibe eine kurze, stark zusammenfassende Inhaltsangabe der Erzählung „Angst auf Amrum“ in dein Heft. Denk an das richtige Tempus!

Übung 17: Stell dir vor, Pia hätte nach der Ankunft auf Amrum ihren Eltern einen kurzen Brief nach Paris geschrieben. Schreibe diesen Brief in dein Heft. Beachte die Form eines Briefes!

Übung 18: Sammle Stichwörter, mit denen du den Apotheker Salber beschreiben könntest!

____

____

____

Übung 19: Sammle Stichwörter für eine möglichst treffende Beschreibung von Paul!

Übung 20: Was weißt du noch über Norbert Spitz? Liste Stichwörter auf!

Übung 21: Schreibe mithilfe deiner gesammelten Stichwörter eine Personenbeschreibung von Norbert Spitz in dein Heft!

Übung 22: Norbert Spitz muss für seine Dienststelle einen Bericht über die Verhaftung von Salber und Jesper Krok abfassen. Schreibe diesen Bericht in dein Heft!

Lösungen

Übung 1: ehrgeizig, fleißig, verlässlich, pfiffig, rothaarig, nervös, gedankenverloren, strebsam, wissbegierig
Übung 2: 1. Erzählung; 2. Präteritum
Übung 3: berühmt-berüchtigte Unschuldsmiene, stinknormale Frage, liebenswürdige Lehrerin, ruhiges Mädchen, unnötige Hausaufgaben, aufgebrachte Zwillingsschwester
Übung 4: mögliche Lösung: Pia ist so wütend, weil ihr Bruder den Aufsatz verschuldet hat, dies aber nicht einsehen will. Er legt sich sogar mit Sebastian an, der normalerweise in der Klasse das Sagen hat. Pia hat das Gefühl, dass Paul die Brisanz der Situation total unterschätzt. Sie ist auch sauer, weil sie selbst in den Ferien einen Aufsatz schreiben muss, aber nicht weiß, woher sie ein spannendes Thema nehmen soll.
Übung 5: 1. Vorausdeutung; 2. Erhöhen der Spannung, Leser neugierig machen
Übung 6: mögliche Lösung: Urlaubsreise, Besuch von lieben Freunden/Verwandten, Geldgewinn, Kinobesuch
Übung 7: mögliche Lösung: „Weißt du, damals, als ich Adalbert kennenlernte, das war so: Ich war mit meiner Schwester Femke in einem Konzert zu Besuch, in dem die beliebtesten Musical-Songs gespielt wurden. Obwohl Femke Musicals überhaupt nicht mag, ist sie mir zuliebe mitgekommen. Und das Konzert war wirklich super. Besonders der Trompeter! Ich war total beeindruckt, wie er seine Backen aufplusterte. Nach dem Konzert eilte ich mit Femke zum Bühnenausgang, denn von diesem fantastischen Trompeter wollte ich unbedingt ein Autogramm haben. Endlich kamen die ersten Musiker heraus und schließlich auch er. Ich musste all meinen Mut zusammennehmen, um ihn anzusprechen. Aber er war ganz natürlich und sagte: ‚Im Stehen kann ich nicht schön schreiben. Aber wenn die Damen Zeit zu einem kleinen Abendessen hätten ...'"
Übung 8: 1. Herr Pfeiffer ist groß und hat eine stattliche Figur. Er trägt einen großen Schnauzbart. 2. Er ist gemütlich und gutmütig. Er scheint auch Humor zu haben. 3. Von Beruf ist er Trompeter in einem Orchester. 4. Er ist mindestens ein halbes Jahr unterwegs auf Reisen in aller Herren Länder.
Übung 9: mögliche Lösung: 1. Wann waren Pia und Paul zum ersten Mal auf Amrum? 2. Wohin hatte Onkel Ruben die Zwillinge mitgenommen? 3. Wer hatte Pia ins Bein gezwickt? 4. Was ist Onkel Ruben von Beruf? 5. Wer stank drei Meilen gegen den Wind?
Übung 10: mögliche Lösung: Fischreiher zwickte – Frosch fangen – Paul in Graben – Paul stank – besonders eindrucksvoll: Besuch auf Leuchtturm mit Onkel Ruben – Vogelkundler – kennt sich in Natur super aus
Übung 11: mögliche Lösung: In den letzten Herbstferien hatten Pia und Paul ein tolles Erlebnis. Kurz vor den Ferien, die eigentlich ziemlich langweilig zu werden versprachen, erhielt ihre Mutter einen Anruf von ihrem Schwager Ruben aus Amrum. Er kündigte an, dass er und Femke die Zwillinge auf einen kurzen Trip einladen wollten. Mehr wolle er noch nicht verraten.
An ihrem ersten Ferientag saßen die beiden Kinder im Auto von Tante Femke und Onkel Ruben und waren sehr gespannt, wohin die Reise gehen sollte. Aber die beiden Erwachsenen auf den Vordersitzen wollten ihnen einfach nichts verraten. „Ihr könnt ja hin und wieder auf die Wegweiser achten, mal sehen, wann ihr erratet, wohin wir fahren." Köln – Aachen – Lüttich. Moment mal, Belgien? Pia hatte in Erdkunde eine Eins, aber darauf konnte sie sich keinen Reim machen. „Was wollen wir in Belgien?", fragte sie. „Vielleicht fahren wir da auch nur durch!", antwortete Tante Femke. Und so war es dann auch. Als sie an Brüssel vorbeigefah-

ren waren, tauchte ein magischer Name immer öfter auf den Hinweisschildern auf: Paris. „Ich kann es nicht glauben!", rief Paul. „Doch, kannst du", beruhigte ihn Onkel Ruben. „Wir wollten ein paar Tage nach Paris fahren, und da fiel uns ein, dass ihr beiden doch schon immer so von Disneyland geschwärmt habt." Da war der Jubel bei den Kinder natürlich riesig und es wurden tolle Herbstferien.

Übung 12: mögliche Lösung: rote Marmelade, weich gekochtes Frühstücksei, gefüllte Obstschale, glänzendes Besteck, krosse Brötchen, dunkles Vollkornbrot, flackernde Kerze, appetitlicher Wurstaufschnitt, holländischer Schnittkäse, wohlschmeckendes Müsli

Übung 13: mögliche Lösungen: sprechen, reden, meinen, flüstern, erklären, antworten, zischen, stöhnen, rufen, äußern, bemerken, feststellen, anmerken, einwerfen

Übung 14: Beispiele: quietschgelb, giftgrün. Mögliche Lösungen: feuerrot, schneeweiß, rabenschwarz, himmelblau, zitronengelb, olivgrün, eisblau

Übung 15: mögliche Lösungen: prasselte, ergoss sich, peitschte, strömte, schüttete, sprühte, fiel

Übung 16: hohe Wellen, bequemer Weggefährte, strenger Blick, kurzer Wortwechsel, alter Mann, kräftige Stimme, unfreundlicher Fährmann, nette Begrüßung

Übung 17: mögliche Lösungen: 1. Sicher an Bord, aber weiteres Warten; 2. Warme Kabine, aber Pia wird langsam seekrank; 3. Paul neckt Pia wegen Seekrankheit; 4. Weiterer Fahrgast kommt, seltsames Gespräch mit Fährmann; 5. Stärker werdender Seegang auf See; 6. Pia muss lange die Toilette aufsuchen.

Übung 18: mögliche Lösung: Die „Margarita" landete im Hafen von Wittdün. Der knorrige Fährmann kommandierte Pia und Paul vom Schiff, wobei der andere Fahrgast sich über die Landratten lustig machte. Da der Fährmann ihre Koffer schon an Land gebracht hatte, machten die beiden sich schnellstens davon.

Übung 19: mögliche Lösungen: Vergleich: wie wild, wie zwei lästige Möwen; Relativsatz: die wie wild mit ihren schwieligen Händen umherfuchtelte; das ihnen entgegenbleckte; Adjektive: vorzüglicher Rotwein, hämisches Grinsen; Adverbien/Adverbiale Bestimmungen: wütend, nur stumm; wörtliche Rede: „Ein nettes Volk hier auf Amrum"; „Kommt, Kinder, mein Wagen steht gleich hier um die Ecke."

Übung 20: mögliche Lösung: Jetzt könnten sie aber wirklich langsam kommen! Wenn die Überfahrt ohne Zwischenfälle stattgefunden hat, müssten sie schon vor einer Stunde von Bord gegangen sein. Hoffentlich hat der alte Falk bei dem starken Seegang ordentlich aufgepasst! Ich mache am besten schon einmal zwei Tassen heißen Kakao fertig, damit sich die Zwillinge gleich aufwärmen können, wenn sie ihre Odyssee beendet haben und in meiner Küche ankommen.

Übung 21: mögliche Lösung: gemütlicher Abend am Kamin – Erzählungen werden spannender – überraschende Frage Pauls – seltsame Reaktion von Tante und Onkel, als ob sie etwas verschweigen wollten

Übung 22: mögliche Lösung: Zu Pias Überraschung zog Paul sich komplett an, sogar sein giftgrünes Regencape hängte er um. Er schien also außer Haus zu wollen. Zielstrebig schlich er auch schon die Treppe hinab, peinlichst genau jegliches Knarren vermeidend, denn Onkel Ruben und Tante Femke saßen ja noch im Wohnzimmer vor dem Fernseher. Aus dem Schuppen neben dem Haus holte er genauso vorsichtig Onkel Rubens altes Fahrrad, schwang sich auf und brauste leise wie der Wind Richtung Hafen davon.

Übung 23: Pia und Paul hatten sich ein Floß gebaut. Stolz ließen sie das Floß zu Wasser und fuhren los. Plötzlich kenterte das Floß. Beide fielen ins Wasser, das Floß trieb mit der Strömung davon. Paul konnte aber nicht schwimmen. Verzweifelt rief er um Hilfe und strampelte wie wild im Wasser. Ein Spaziergänger sprang ins Meer und rettete Paul. Völlig durchnässt gingen Pia und Paul nach Hause.

Übung 24: Geistesgegenwärtig machte Paul drei schnelle Schritte. Er versteckte sich hinter der großen, mächtigen Topfpflanze im Flur. / Die Tür wurde aufgerissen. Ruben Reimann stand mit seiner mächtigen Statur im Türrahmen. / Ruben Reimann blieb mehrere Minuten stumm stehen. Er lauschte in die Dunkelheit. Er war darauf gefasst, weitere Geräusche im Erdgeschoss zu hören. / Vor seinem geistigen Auge sah er Norbert Spitz. Der gratulierte ihm. Der Applaus der Dorfbewohner war tosend. Ruben erhielt einen Scheck mit dem Finderlohn.

Übung 25: mögliche Lösung: Er ist unfreundlich. Er hat Geheimnisse mit dem Apotheker. Er behandelte die Kinder ruppig.

Übung 26: Es handelt sich um eine Vorausdeutung.

Übung 27: mögliche Lösung: Aus der Zeitung erfuhren die Kinder von einem achten Einbruch. Betroffen war Frau Martha W., der Gemälde, Schmuck und eine kostbare chinesische Vase entwendet wurden. Sie setzte deshalb eine hohe Belohnung aus. Paul äußerte gegenüber seiner Schwester die Vermutung, dass Fährmann Falk hinter den Verbrechen stecke. Er meinte sogar, dass Falk bestimmt mit dem Apotheker Salber gemeinsame Sache mache.

Übung 28: Doch so leicht gibt Paul nicht auf. Also wartet der Junge, während er sich einen dick mit Erdnussbutter bestrichenen Toast schmecken lässt, bis sein Onkel mit der Lektüre fertig ist. Dann ergreift Paul seine Chance.

Übung 29: Pia und Paul verschulden in Deutschstunde Strafaufsatz für Herbstferien; Eltern Reise nach Paris, Kinder Ferien auf Amrum; Onkel Ruben und Tante Femke beunruhigt wegen Einbruchserie; strapaziöse und mysteriöse Überfahrt; Paul will Detektiv spielen für spannenden Aufsatz; Standpauke durch Onkel Ruben wegen Verdächtigung Unschuldiger

Übung 30: mögliche Lösung: Die rothaarigen Zwillinge Pia und Paul verschulden mit ihrem Getuschel am letzten Schultag vor den Herbstferien im Deutschunterricht eine Sonderaufgabe: Die ganze Klasse muss einen Aufsatz schreiben. Weil ihre Eltern eine Reise nach Paris machen wollen, sollen die Kinder in den Ferien zu Onkel Ruben und Tante Femke nach Amrum. Onkel und Tante sind aber wegen einer mysteriösen Einbruchserie besorgt. Die Kinder dürfen trotzdem nach Amrum kommen. Paul will nach der seltsamen Überfahrt sogleich Detektiv spielen, denn davon verspricht er sich einen spannenden Aufsatz. Nachdem er Onkel Ruben gegenüber den knorrigen Fährmann Falk und den Apotheker Salber verdächtigt hat, hält der Onkel ihm eine Standpauke, weil er Unschuldige voreilig verdächtigt habe.

Übung 31: mögliche Lösung: Ich sah einen Jungen mit feuerroten Haaren in Richtung Nebel radeln. Er schien es sehr eilig zu haben, denn er radelte sehr schnell, obwohl das Fahrrad für ihn eigentlich zu groß war. Er musste deshalb im Stehen radeln. Ich glaube auch, Ruben Reimanns Fahrrad erkannt zu haben. Dann könnte der Junge Rubens Neffe sein, der vor sechs Jahren schon einmal hier war.

Übung 32: mögliche Lösung: Wo möchte Paul hin?; Wer spricht Paul an?; Wie sieht Sven aus?; Was hat Sven an?; Wann war Sven beim Angeln?

Übung 33: 1. Paul fand die Stimme seltsam, weil sie ihm bekannt vorkam. 2. Die Folge war, dass Paul den Laden eilig verließ.

Übung 34: mögliche Lösung: Nachdem Paul aus der Apotheke gestürzt kam, bot Sven ihm ein Hustenbonbon an. Im Gespräch stellten beide fest, dass der Apotheker und seine Frau seltsame Käuze seien. Schließlich erzählte Sven Paul von dem Einbruch bei seiner Großmutter. Paul erinnerte sich an den Artikel im Amrumer Tageblatt, den er am Morgen gelesen hatte, und stellte fest, dass der letzte Einbruch offensichtlich bei Svens Oma stattgefunden hatte. Dieser Zeitungsbericht war auch Sven bekannt.

Übung 35: als er Onkel Rubens Rad aufschloss; ein paar Minuten später; sofort; im letzten Moment; heute; morgen; um zwei Uhr nachmittags; als sich ihre Wege an einer Kreuzung trennten

Übung 36: Beschreibung

Übung 37: Norbert Spitz: arm, sanft, bedauernswert; Tante Femke: barsch, genervt, entspannt, (nicht) verdächtig

Übung 38: 1. Pias Tante war nicht mehr entspannt. 2. Sie mochte keinen Kaffee. 3. Sie saß am Küchentisch und rührte schon geschlagene zwei Minuten mit ihrem Löffel in der Tasse. 4. Sie wirkte nervös.

Übung 39: kleine, süße Britta; Hendrik Brauns Tochter; schon früher Pias liebste Freizeitbeschäftigung; der Sonnenschein von Amrum; kann so drollig strahlen, dass einem das Herz aufgeht; ist nun schon fast eine Dame

Übung 40: mögliche Lösung: Hör mal, ich traf da vorhin beim Teekaufen einen ganz interessanten Jungen, Sven Weißkopf. Als ich gerade mein Fahrrad in Nebel abschloss, stand er plötzlich hinter mir und stellte sich mir vor. Er half mir dann rasch, die Apotheke zu finden. Dort hatte ich ein seltsames Erlebnis. Während ich noch vor der Theke wartete, hörte ich aus dem hinteren Teil des Raumes ein geheimnisvolles Gespräch über einen Bescheid aus München. Sogleich stellte sich heraus, dass es wieder dieser Herr Salber war. Als ich in der Apotheke fertig war, sprach ich noch einmal mit Sven, und der erzählte mir schließlich vom Einbruch bei seiner Großmutter. Das ist übrigens die „Martha" aus dem Zeitungsartikel. Wir beschlossen, zusammen zu zelten. Sven ist nämlich ein ganz dufter Typ. Wir wollen natürlich auch die Diebstahlserie aufklären.

Übung 41: Pias Gedanken bis zum Satz: „Sie schauderte."; das Auftauchen unheimlicher Lichter

Übung 42: Ihr fällt sofort ein, dass Paul sich das letzte Mal seine Norwegersocken angezogen hatte, um nicht von Onkel Ruben und Tante Femke gehört zu werden, als er sich an ihr Zimmer herangeschlichen hat.

Übung 43: Um nicht entdeckt zu werden, vermeidet Paul, die Lampe anzuknipsen, und tapst daher im fahlen Licht des Mondes an den mächtigen Bücherregalen entlang. Langsam gewöhnen sich seine Augen an die Dunkelheit. Neugierig sucht er die Buchrücken nach einem bestimmten Titel ab. Und dann findet er den staubigen Wälzer.

Übung 44: Aus Angst vor Entdeckung traut Paul sich nicht, das Buch im Arbeitszimmer zu lesen. Er versteckt es unter dem Schlafanzug und schleicht nach oben. Schließlich entdeckt er, wonach er gesucht hat: Die Lichtzeichen bedeuten das Morsezeichen „SOS".

Übung 45: 1. Pia und Paul antworten nicht und löffeln lustlos in ihrem Müsli. 2. Onkel Ruben jammert über die reißerischen Schlagzeilen. 3. Tante Femke erkundigt sich besorgt, was mit den Geschwistern los ist.

Übung 46: Bericht

Übung 47: mögliche Lösungen: Rucksack: Träger, Reißverschluss, Fächer, Taschen; Küche: Herd, Kühlschrank, Spüle, Hängeschränke; Polizeiwagen: Martinshorn, Blaulicht, Funktelefon, Kelle; Fahrrad: Speichen, Rücklicht, Gangschaltung, Klingel

Übung 48: mögliche Lösungen: Apotheke: Schaufenster, Regale, Medikamente, Kasse; Fisch- und Käsestand: Auslage, Theke, Preisschilder, Messer; Villa: Tür, Fenster, Garten, Zaun

Übung 49: ergriff die Gelegenheit und überzeugte seine Zuhörer von seinem ausgeprägten Detektivgespür; meinte er mit geheimnisvollem Gesicht; war Paul sehr zufrieden

Übung 50: von Beruf Fischer; verkauft seine Fische an Frau Salber; diese findet seine Fische nicht immer frisch; er trifft sich mit Herrn Salber; ist sehr groß; ist stämmig; hat strohblonde Haare; er wohnt in Blickrichtung der Dachluke von Pia und Paul; er freut sich über jeden Besuch

Übung 51: er müsste vom Fischen zurück sein; sein Kakao ist noch viel besser als der von Svens Oma; er wohnt eine gute halbe Stunde Fußweg von Frau Weißkopf entfernt

Übung 52: ein Hüne mit schläfrigen Augen; der strohblonde Mann mit dem löchrigen Unterhemd; folgten dem Riesen; Mann mit den tellergroßen Pranken

Übung 53: der hünenhafte Fischer; die mächtige Statur Jesper Kroks

Übung 54: mögliche Lösung: Der Berufsfischer Jesper Krok ist eine sehr stattliche, vielleicht sogar Furcht einflößende Erscheinung. Er misst nämlich mindestens zwei Meter und hat eine hünenhafte Figur. Seine Hände wirken wie Pranken. Sein Haar ist strohblond. Er wohnt in einem allein stehenden Haus etwa eine halbe Stunde Fußweg von Frau Weißkopf. Dass er sich mit Herrn Salber trifft, dürfte mit seinen Geschäftsbeziehungen zu dessen Frau zu tun haben, denn ihr verkauft er seine Fische für ihren Marktstand. Allerdings ist sie nicht immer von der Frische seiner Ware überzeugt. Unbestritten ist aber, dass er einen äußerst köstlichen Kakao zubereitet.

Übung 55: Wörtliche Rede

Übung 56: mögliche Lösungen: Jonas Falk: sehr unfreundlich, teilt Geheimnisse mit Salber; Apotheker Salber: zu freundlich, teilt Geheimnisse mit Falk und Krok, spricht von einem geheimnisvollen Bescheid aus München bezüglich einer Anmeldung; Anna Salber: sehr unfreundlich, muss mit ihrem Mann und seinen Komplizen unter einer Decke stecken; Jesper Krok: Furcht einflößend, geheimnisvoll, will die drei Kinder so schnell wie möglich wieder loswerden.

Übung 57: Die Handlung führt zu einem Höhepunkt hin.

Übung 58: 1. Aufbruch aus dem Zelt; 2. keine Signale mehr zu sehen, Verärgerung; 3. plötzlich doch wieder Signale; 4. Aufbruch zum Haus der Salbers

Übung 59: Er huschte zu später Stunde an den Kindern vorbei; er trug einen Sack auf dem Rücken, in dem Diebesgut verpackt sein könnte.

Übung 60: Vor ihnen lag das Haus der Salbers, das mit seinen zwei Stockwerken und dem spitzen Dach bedrohlich in den Nachthimmel von Amrum ragte. Im Haus war alles dunkel. Die Bewohner schliefen bereits oder waren nicht zu Hause – und auch von den Blitzlichtern keine Spur.

Übung 61: Von einer hohen Hecke verborgen; die mit Moos bedeckten Stufen; als wenn er gar nicht mehr benutzt werden würde; das Haus lag im Stillen; die Tür knarrte; es roch muffig

Übung 62: Der Aufstieg gestaltete sich schwieriger als gedacht; enge, steile Wendeltreppe; jede zweite Stufe knarrte verräterisch; türmten sich alte Kartons; der Raum war ansonsten leer; Schlüsselbord mit einem einzigen großen Schlüssel

Übung 63: Adjektive: blank, karg, schmal, zitternd, schwach; Adverbien: vorsichtig, enttäuscht, mutig

Übung 64: mögliche Lösung: Das ist ja ganz blöd gelaufen. Dass diese Anna Salber uns aber auch erwischen musste! Diese unsympathische Person! Aber auch der Polizist Spitz! Ob er mit diesen Salbers gemeinsame Sache macht? – Na ja, kann ich eigentlich nicht glauben, er tut doch nur seinen Dienst. Trotzdem schade, dass wir nicht zu Ende forschen konnten. Komisch auch, dass der Apotheker gar nicht da ist.

Übung 65: mögliche Lösung: Pia: Oh je, das haben wir von deiner Detektivspielerei! Paul: Ich bin überzeugt, da stimmt irgendetwas nicht. Bei den Salbers ist etwas faul. Denk doch allein mal an Lotte! Man sperrt doch nicht sein eigenes Kind weg, oder? Pia: Da hast du allerdings recht. Fraglich ist bloß, ob wir an dem Fall dranbleiben können. Onkel Ruben ist so wütend, der schickt uns bestimmt morgen nach Hause. Paul: Geht nicht, auch wenn er wollte. Schließlich sind unsere Eltern noch in Paris. Und wir müssen mit allen Mitteln zusehen, dass wir an dem Fall dranbleiben. Denk doch nur mal an den Aufsatz! Was das für eine spannende Geschichte wird! Pia: Sicher, du hast schon recht. Aber wie ermitteln wir jetzt weiter? Paul: Wir müssen auf jeden Fall Sven weiter einbeziehen.

Übung 66: mögliche Lösung: Ein bisschen zappeln lassen muss ich sie schon, das habe ich Ruben versprochen. Andererseits will ich nicht zu streng mit den beiden sein. Ich finde, Ruben sieht das alles ein bisschen eng. Zu Sven werde ich sie nicht gehen lassen können, aber wenn sie mir einen anderen Vorschlag machen, kann ich mir ja noch überlegen, ob ich es erlauben werde.

Übung 67: Vorgangsbeschreibung

Übung 68: Erzählung

Übung 69: schlingen, verhungern, schaufeln, springen, murmeln, anstellen, stöbern, verraten, erstatten, nicken, inspizieren, hinzufügen

Übung 70: Seebär, Piratenjäger, Seeräuber, Angst, Schrecken, Diebesgut, Raubzug

Übung 71: mögliche Lösung: Nein, das kann nicht wahr sein! Die Höhle muss so tief liegen, dass sie bei Flut unter Wasser steht. Wenn Britta da drin ist, muss sie ertrunken sein. Das können die doch mit der süßen kleinen Britta nicht gemacht haben! Ich mag gar nicht daran denken. Ich traue mich gar nicht nachzuschauen. Hoffentlich kommt Paul nicht auf die Idee, weiterzusuchen. Ich würde am liebsten umkehren. Jetzt wird mir das alles doch zu heiß.

Übung 72: Ausruf: Ja, da war wieder ein Geräusch! Unvollständiger Satz: Dieses Mal ein Klopfen. Kurze Sätze: Hastig eilten die Zwillinge dorthin. Es war eiskalt.

Übung 73: Eine Vase, die in der Ecke stand und einen ganz besonders kostbaren Eindruck machte; von oben bis unten mit Wertgegenstände gefüllt war; zahlreiche Schatullen mit Schmuck, Gemälde und alte Antiquitäten; offensichtlich alle von großem Wert

Übung 74: Britta fand unter dem Diebesgut eine Weinflasche, denn anfangs hatten die Ganoven Britta noch frei in der zweiten Höhle herumlaufen lassen. Sie schüttete den Wein weg und löste das Etikett ab, damit sie etwas zum Beschreiben hatte. Die einzige Möglichkeit, sich bemerkbar zu machen, war eine Flaschenpost in die tiefere erste Höhle zu werfen.

Übung 75: mögliche Lösung: Paul: Mal sehen, Britta, vielleicht fällt uns etwas ein. Britta: Wir müssen sehr vorsichtig sein. Paul: Ja, ich glaube, die sind brutal. Britta: Besonders Salber, er ist rücksichtslos. Paul: Krok scheint eher zugänglich. Britta: Ich glaube aber nicht, dass uns das weiterhilft.

Übung 76: Im Gegensatz zu Salber hat Jesper Krok zumindest Skrupel, die Kinder zu fesseln und ertrinken zu lassen.

Übung 77: Britta wurde entführt, um Lottes Arbeit zu übernehmen.

Übung 78: Er hoffte, sie würde ihm eine Antwort geben, die ihn beruhigte. Mit einem Paar tropfnasser Füße hätte er noch ganz gut leben können – und wenn es denn unbedingt sein musste, auch mit einer zweiwöchigen Grippe. Er wollte einfach nicht tatenlos zusehen, wie das Wasser sie alle nacheinander umbringen würde.

Übung 79: Paul ist von der Wendung überrascht: Damit hatte er nicht gerechnet. Sein Hauptverdächtiger wurde zu seinem Retter.

Lösungen Abschlusstest

Übung 1: Präsens: Beschreibung, Inhaltsangabe; Präteritum: Bericht, Erzählung, Nacherzählung; Je nach Situation: gestaltende Aufgabe
Übung 2: Erzählung: Spannung, Anschaulichkeit, Höhepunkt, Vorausdeutung; Bericht: Sachlichkeit, Kürze, Genauigkeit
Übung 3: unterhaltend: gestaltende Aufgabe, Fantasie-Erzälung, Erzählung; informierend: Inhaltsangabe, Bericht, Vorgangsbeschreibung
Übung 4: Einleitung, Hauptteil, Schluss
Übung 5: kurze Sätze, lebendige Verben, Tempuswechsel zum Präsens, treffende Adjektive und Substantive
Übung 6: Paul hörte, wie der Motor angeschmissen wurde. Er bemerkte, wie die „Margarita" sich in Bewegung setzte. Sie schaukelte dabei noch heftiger. Pia behagte dieses Wanken keineswegs. Sie sprang auf. Sie war seekrank. Sie musste die Toilette aufsuchen. Paul beobachtete das Szenario teilnahmslos. Er schüttelte nur verständnislos den Kopf.
Übung 7: hören: lauschen, vernehmen, die Ohren spitzen, horchen, zuhören; schaukeln: wanken, schwanken, sich hin- und herbewegen, schwingen, pendeln, wippen; bemerken: wahrnehmen, vernehmen, mitbekommen, entdecken, Notiz nehmen von
Übung 8: mögliche Lösung: unbekannter Mann; verunsicherten Kinder; mit dunkel funkelnden Augen; unfreundliche Mann; mit dem bösartigen Grinsen; zum schlecht gelaunten Fährmann; vollbeladenen Koffer; starken Regen, seine übel gelaunte Schwester
Übung 9: mögliche Lösung: der sichere Wagen; geteerten Weg; aufgeräumten Hof; zu dem winzigen Haus; mit dem schönen Strohdach; putzigen Fenster; flackernden Schein; einer kleinen Kerze
Übung 10: mögliche Lösung: war allmählich angebrochen; knisterte anheimelnd ein Feuer; schwelgten übermütig; lachten gut gelaunt; perfekt das Mienenspiel Pauls nachahmte; ihn patschnass aus dem Graben gezogen hatte; witzelten sie fröhlich; lauschten gespannt
Übung 11: mögliche Lösung: Schiff: Boot, Fähre, Kahn, Fährmann, Seebär, Matrose, Kapitän, Deck; Haus: Villa, Bungalow, Mietshaus, Reetdach, Flachdach, Wohnzimmer, Tür, Fenster, Terrasse; Dieb: Ganove, Verbrecher, Krimineller, Beute, Diebesgut, Einbruch, Diebstahl; Straße: Weg, Bahn, Allee, Fahrstraße, Teer, Kopfsteinpflaster, Radweg
Übung 12: Paul hakte bei Pia nach: „Warum Onkel Ruben und Tante Femke wohl so allergisch auf das Thema Einbrüche reagiert haben?" Pia entgegnete: „Wenn Onkel Ruben sich nicht dazu äußern will, wird er schon seine Gründe haben." „Aber denk doch nur mal an den Deutschaufsatz!", maulte Paul. „Eine Einbruchserie am Urlaubsort wäre doch ein superspannendes Thema!" Aber Pia fragte nur zurück: „Was willst du denn unternehmen?"
Übung 13: 2; 4; 10; 1; 3; 6; 5; 9; 7; 8
Übung 14: Einleitung: K – B – A – J; Hauptteil: D – C – E – G – H ; Schluss: I – F
Übung 15: mögliche Lösung: Angst auf Amrum; Der unheimliche Apotheker; Caverna Maris; Beutezüge auf Amrum
Übung 16: mögliche Lösung: In der Kriminalgeschichte „Angst auf Amrum" geht es um Pia und Paul, die in ihren Herbstferien bei Onkel und Tante auf Amrum Detektive spielen. Sie klären dabei eine geheimnisvolle Diebstahlserie auf und gewinnen zugleich ein spannendes Thema für einen Hausaufsatz. Den Hausaufsatz haben beide in der letzten Deutschstunde vor den Ferien verschuldet, deswegen richtet sich besonders Pauls Ehrgeiz auf die Aufklärung der Diebstähle auf der Insel. Schon bei der Überfahrt und am ersten Ferientag begegnen die

Kinder einigen stark Verdächtigen. Im Laufe ihrer Ermittlungen, bei denen der neu gewonnene Freund Sven sie tatkräftig unterstützt, stoßen sie auf vier Hauptverdächtige: den Apotheker Salber und seine Frau, den Fischer Jesper Krok sowie den brummigen Fährmann Jonas Falk. Als die Serie von Verbrechen auf Amrum mit der Entführung der kleinen Britta ihren Höhepunkt erreicht, gelingt es Pia und Paul, das entführte Mädchen in der Höhle „Caverna Maris" aufzuspüren. Mit ihr entdecken sie auch die Beute der Diebesbande. Am Höhepunkt der Geschichte fallen die drei beinahe den Verbrechern zum Opfer, doch Pauls Hauptverdächtiger Jonas Falk hat Ruben Reimann verständigt. Die beiden befreien die Kinder aus ihrer misslichen Lage und überführen die Ganoven Jesper Krok und Anna und Daniel Salber. Für ihre Verdienste um die Aufklärung der Verbrechen wird für die Kinder ein großes Fest veranstaltet. Leider müssen sie nun aber auch schon die Heimreise antreten und sich von ihrem neuen Freund Sven Weißkopf verabschieden. Auf jeden Fall nehmen sie aber ein spannendes Aufsatzthema mit nach Hause.

Übung 17: mögliche Lösung: Liebe Mama, lieber Papa, hoffentlich seid ihr gut in Paris angekommen. Bestimmt war eure Fahrt lange nicht so schaukelig wie unsere Fährüberfahrt. Bin ich froh, dass ich das überstanden habe! Dazu kommt noch, dass Onkel Ruben ruhig einen freundlicheren Fährmann hätte beauftragen können. Das war ja ein unhöflicher Brummbär! Aber jetzt sitzen wir am prasselnden Kamin in Sicherheit und Onkel Ruben unterhält uns mit seinen spannenden Geschichten. Paul und ich wünschen euch noch schöne Tage in Paris. Eure Pia

Übung 18: unheimlich, geheimnistuerisch, ironisch, groß, Mann mittleren Alters, verheiratet mit Anna, scheint ein Geheimnis mit Jonas Falk zu teilen, ist brutal, will die Kinder ermorden

Übung 19: klein (was er gar nicht gern hört), rothaarig, neugierig, spielt gern Detektiv, manchmal vorlaut, mutig, verdächtigt manchmal vorschnell, guter Kombinierer

Übung 20: Dorfpolizist, groß, dünn, nicht der beste und erfolgreichste Detektiv, humorvoll, benötigt Pauls Hilfe zur Aufklärung, ist aber auch dankbar dafür

Übung 21: mögliche Lösung: Norbert Spitz ist Dorfpolizist auf Amrum. Seinen Dienst versieht er zuverlässig und aufmerksam, aber er ist kein sehr erfolgreicher Verbrechensaufklärer. Für die Aufklärung der Diebstahlserie auf Amrum, die schließlich in der Entführung der kleinen Britta ihren Höhepunkt findet, benötigt er die Unterstützung der Kinder Pia, Paul und Sven, die wesentlich mehr detektivischen Spürsinn beweisen als der einfache Dorfpolizist.

Übung 22: mögliche Lösung: Auf Jonas Falks Mitteilung hin, er habe den Apotheker Daniel Salber und den Fischer Jesper Krok beim Verladen von Diebesgut beobachtet, fuhr ich gestern Nachmittag mit Falk und Ruben Reimann zur Caverna Maris. Salber und Krok ließen sich ohne Widerstand festnehmen. Salber lieferte sogleich seinen Revolver ab. Ich legte den beiden unverzüglich Handschellen an und sperrte sie in meinen Dienstwagen, denn wir mussten uns wegen der steigenden Flut sehr beeilen, die in der Caverna Maris eingesperrten Kinder zu befreien. Ruben Reimann führte sie persönlich aus der Höhle. Inzwischen waren auch Femke Reimann und Hendrik Braun zum Fundort geeilt, um die Kinder in die Arme zu schließen.